# विनय सौरभ

विनय सौरभ का जन्म 22 जुलाई, 1972 को नोनीहाट, संथाल परगना, झारखंड में हुआ। उन्होंने टी.एन.बी. कॉलेज भागलपुर से स्नातक और भारतीय जनसंचार संस्थान (IIMC), नई दिल्ली से पत्रकारिता में स्नातकोत्तर डिप्लोमा किया। पिछले तीन दशक से विभिन्न पत्र-पत्रिकाओं में उनकी कविताएँ, संस्मरण, लेख आदि प्रकाशित होते रहे हैं।

उन्हें राजभाषा विभाग एवं राष्ट्रभाषा परिषद, बिहार के 'युवा लेखन पुरस्कार', 'कवि कन्हैया स्मृति सम्मान', 'सूत्र सम्मान', 'बनारसी प्रसाद भोजपुरी सम्मान' से सम्मानित किया गया है।

सम्प्रति झारखंड के सहकारिता विभाग में कार्यरत हैं।

ई-मेल : nonihatkakavi@gmail.com

# बख़्तियारपुर

विनय सौरभ

राजकमल पेपरबैक्स

राजकमल पेपरबैक्स में
**पहला संस्करण :** 2024



**राजकमल पेपरबैक्स :** उत्कृष्ट साहित्य के जनसुलभ संस्करण

राजकमल प्रकाशन प्रा. लि.
1-बी, नेताजी सुभाष मार्ग, दरियागंज
नई दिल्ली-110 002
द्वारा प्रकाशित

**शाखाएँ :** अशोक राजपथ, साइंस कॉलेज के सामने, पटना-800 006
पहली मंजिल, दरबारी बिल्डिंग, महात्मा गांधी मार्ग, प्रयागराज-211 001
1, अनमोल सोराबजी सन्तुक लेन, धोबी तलाव, मरीन लाइंस, मुम्बई-400 002

वेबसाइट : www.rajkamalprakashan.com
ई-मेल : info@rajkamalprakashan.com

विकास कम्प्यूटर एंड प्रिंटर्स
ट्रॉनिका सिटी-201 102
द्वारा मुद्रित

**मूल्य :** ₹250

BAKHTIYARPUR
*Poems by* Vinay Saurabh

ISBN : 978-93-6086-148-3

बाबा,
विनोद भैया और नोनीहाट डाकघर के डाकिये प्रशान्त सेन और
शंकर साह के लिए

कविता की दुनिया बनाने में जिनका होना शामिल रहा

# क्रम


| | |
|---|---|
| एक कवि का अन्तर्द्वंद्व | 11 |
| नोनीहाट पहुँचने पर | 12 |
| यह वही दुनिया थी | 13 |
| पिता की क़मीज़ | 15 |
| पिता और बहनें | 16 |
| पिता का मौन | 17 |
| पिता की शवयात्रा में बातचीत | 18 |
| पिता तुम | 20 |
| धुंध में जीवन | 21 |
| स्वीकार नहीं करेगी माँ | 22 |
| माँ की शॉल | 24 |
| गंध | 26 |
| अच्छे दोस्त | 28 |
| दोस्त का आना | 29 |
| इस तरह रचते हैं हम दुख का तिलिस्म | 31 |
| यह कमरा | 33 |
| दोस्त का घर | 35 |
| बीच की उम्र | 37 |
| स्मृति पर पुल | 38 |
| अन्ततः | 39 |
| पुराने लोग | 40 |
| बड़ा आदमी | 42 |

संसद 44
एक बेदख़ल दुनिया का मर्सिया 46
कुछ वजह तो है! 48
दो औरतों की नियति कथा 49
यह ख़रीद लीजिए प्लीज़! 52
और अन्त में 56
वे दिन और रात की तरह सच हैं 57
हाट की बात 59
बचपन की कोई ब्लैक एंड व्हाइट तस्वीर 61
पतंग भी उसी की है 63
दोस्त के पिता से एक सम्भावित मुलाक़ात के बारे में 65
कोई-सा दिन 69
मैं लौटूँगा 71
बिना शीर्षक-1 73
बिना शीर्षक-2 75
पुल 76
बस इतना भर पानी मौला! 78
ताड़ के हाथ पंखे 81
ग़रीब रिश्तेदार 84
छूटता हुआ घर 87
चला गया आदमी 89
ये रास्ते 91
एक रोज़ 92
बारिश की आवाज़ें 93
बुज़ुर्ग डाकिये से भेंट 95
रात 101
पराभव 102
कभी 104
अन्त के बाद 105

अगर मैं परदेश में मरा 108
एक याद! 110
महानगर में बुज़ुर्ग 111
अथ शास्त्री कथा 113
महामारी में मन्दिर 115
इसराइल 116
राजेन्दर, मेरा पड़ोसी! 118
बख़्तियारपुर 119
खाट 123
आभास 125
गंगेसर राम 126
मदारी 128
कोठारी घर 130
क्या हम सब एक अच्छे पड़ोसी हैं? 131
कहाँ चल दिये हो अचानक! 134
सहपाठी 136
साइकिल के दिन 141
पानी 142
वे ही! 144
वे सम्बन्धी 146
भागलपुर 148
गिरिडीह बहुत अच्छा शहर था! 150
ख़ान बहुरुपिया 153
मुरेठा 156
छोटकी दिदिया के लिए : एक 158
छोटकी दिदिया : दो 160
ख़ाली देह! 162
उम्र भर 163
फ़ोटो स्टूडियो की याद 165

घर : एक 169
घर : दो 171
जिल्दसाज़ 172
उस लोकधुन की स्मृति में 176
उधार 178
दो दोस्त 179
इन्हें धरती का भगवान मत कहो! 183
मानहानि 186

## एक कवि का अन्तर्द्वंद्व

वह बहुत उदास-सी शाम थी
जब मैं उस स्त्री से मिला

मैंने कहा—
मैं तुमसे प्रेम करता हूँ
फिर सोचा—
यह कहना कितना नाकाफ़ी है

वह स्त्री एक वृक्ष में बदल गई
फिर पहाड़ में
फिर नदी में
धरती तो वह पहले से थी ही

मैं उस स्त्री का बदलना देखता रहा!

एक साथ इतनी चीज़ों से
प्रेम कर पाना कितना कठिन है!
कितना कठिन है एक कवि का जीवन जीना!!

वह प्रेम करना चाहता है
एक साथ कई चीज़ों से
और चीज़ें हैं कि
बदल जाती हैं प्रत्येक क्षण में

# नोनीहाट पहुँचने पर

संथाल परगने का
यह छोटा-सा गाँव-नोनीहाट!
जो असल में
अब गाँव भी नहीं रहा
क़स्बा कह सकते हो
लेकिन इसकी पहचान पर
अब शहर के कपड़े हैं

छोटे से बस स्टॉप पर जब उतरोगे
पूछोगे मेरे यहाँ आने का रास्ता
वहाँ जलपान की दो-चार दुकानें होंगी
तीन रिक्शे पाँच ठेले और कुलियों की एक छोटी जमात

वही बताएँगे...हाँ, कौन...?
वही वैद्यनाथ बाबू का लड़का,
जो दोहा करता है?

# यह वही दुनिया थी

खूँटी पर टँगा कुर्ता
फ़क़ीर को दे दिया गया!

तो तय था—
पिता चले गए थे
माटी हो चुके थे

लेकिन दुनिया वैसी की वैसी रही!
विस्मय से भर गए हम!

जो रोज़ शाम चाय पर हमारी बैठक में आते थे,
हमारे घर में क़हक़हों का संसार रचने वाले
पिता के मित्र न जाने कहाँ बिला गए!

पिता के कुछ सरकारी पैसे थे,
उनकी निकासी के वास्ते
उनके दफ़्तर में जाना पड़ा हमें
और बार-बार जाना पड़ा!

आख़िरकार रो दिये हम!
वहाँ हवा भी रुपये माँगती थी
काम के एवज़ में!

यह असली दुनिया थी—
भयावह विवरणों से भरी!

भयाक्रांत कर देने वाले अनुभवों वाली
यह वही दुनिया थी,
जिसके बारे में पिता अक्सर कहते थे :
असली दुनिया में पैर रखोगे तब जानोगे!

## पिता की क़मीज़

पिता की क़मीज़
खूँटी पर टँगी है बरसों से पसीने से भीगी
और पहाड़ों की तरफ़ से
हवा लगातार कमरे में आ रही है

पिता बरसों से इस मकान में नहीं हैं!
हम इस क़मीज़ को देखकर
ऊर्जा और विश्वास से भर उठते हैं।

## पिता और बहनें

पिता जब घर आते हैं लौटकर
तब सबसे ज़्यादा प्रतीक्षारत रहती हैं बहनें

पिता जब कुछ नहीं बोलते हैं
तब सबसे ज़्यादा चिन्तित हो जाती हैं बहनें

पिता जब माँ से पैर दबवाते हुए
थके स्वरों में कुछ कहते रहते हैं
पर्दे के पीछे शब्द-शब्द सुनने की
कोशिश करती हैं बहनें

पिता जब घर आते हैं थोड़ी सी
सम्भावित ख़ुशी लिये अपने चेहरे पर
तब कल्पना की उड़ानें भरने लगती हैं बहनें

पिता जब असमय बूढ़े लगने लगते हैं
तब थकी और उदास सोच के साथ
अपने जन्म की त्रासदी को आँसुओं में

परिभाषित करने लगती हैं बहनें।

## पिता का मौन

पिता लौटेंगे घर
दाख़िल हो जाएँगे थके क़दमों से अपने कमरे में

बहुत थक गए मज़दूर की भाँति
लाचार दिखेंगे पिता इस समय

पूछेंगे उन कामों के बारे में
हम सब से
जिन्हें अंजाम दिया जाना था
उनके लौट आने से पूर्व

इस समय पिता
किसी दार्शनिक की भाँति दिखेंगे

दादी से पूछेंगे
उसके स्वास्थ्य के बारे में
छोटे भाई से पूछेंगे स्कूल और पढ़ाई के बारे में
माँ से पूछेंगे टखने और कमर के दर्द के बारे में

और यह ज़रूर कहेंगे
कि मेरी लड़की हज़ारों में एक है

पर कभी नहीं बताएँगे
कि लड़के वालों ने क्या कहा

# पिता की शवयात्रा में बातचीत

यहाँ तक की तस्वीरें भी
दीवारों पर मुँह लटकाए पड़ी थीं
यह पिता की विदाई का समय था
गाँव से और पूरी दुनिया से

पिता फूल की तरह हल्के थे इस यात्रा में
किसी ने कहा आत्मा के निकल जाने के बाद
शरीर फूल से भी हल्का हो जाता है
उसमें कुछ भी बाक़ी नहीं रह जाता

उनका यह कहना कितना
अस्वाभाविक सा लगा था
लोग कन्धे से कन्धा क्यूँ बदल रहे थे
अगर फूल से भी हल्के थे पिता!

पिता गाँव के बाहर वाले
पीपल के नीचे से गुज़र रहे थे
एक फुनगी नीचे झुक कर पूछ रही थी—
असमय ही चल दिये वैद्यनाथ!
लड़की की शादी तो कर ली होती
मकान भी होने दिया होता पूरा तैयार!

इंदिरा गांधी की मृत्यु की भाँति
गाँव की दुकानें बन्द नहीं हुईं

स्थगित नहीं हुआ हाट का लगना
असहज नहीं हुए देहातों से बाज़ार आए ग्रामीण

थोड़ी कौतूहल से भरी सिर्फ़ बच्चों की आँखें
पिता की शव यात्रा को देखकर

इस यात्रा में पिता अतीत की चर्चाओं
और स्मृतियों से घिरे थे
इस समय ही मुझे पता चला कि
पिता का व्यक्तित्व कितना सफल था
और कितना सुखदायी!

लोगों ने तो यहाँ तक कहा—
यह सिर्फ़ मृत्यु से हारा

बहन ने भी यही कहा था
क्योंकि कई बीमार रातों का अनुभव
उसके पास था
पिता को मृत्यु के साथ संघर्षरत देखते रहने का!

## पिता तुम

सब देखते रहते हो जैसे, तस्वीर में जड़े!

तुम्हारी सभी किताबें रखी हैं आज भी तरतीब से।
कपड़े सर्दियों वाले, चश्मा और खैनी की डिबिया भी। कई डायरियाँ।

दुमका-भागलपुर वाली सड़क अब हाईवे कहलाती है।
सड़क धार वाला सबसे पुराना पीपल कट गया इसी हाई-वे के बनने में,
जो तुम्हें प्रिय था बहोत।
अब नहीं बचे तुम्हारे कोई संगी साथी यहाँ, सब चले गए!

मैं अगले महीने 'रेणु' के गाँव जा रहा हूँ उनका घर देखने,
जहाँ तुम चाह कर भी जा नहीं सके।
एक असगर मियाँ मिले थे अभी हाल में
पचहत्तर बरिस के होंगे। बुनकर हैं। दफ़्तर में आए थे।
नोनीहाट का ज़िक्र आया तो तुम्हारा नाम कहा।
फिर बोले—बहुत पुरानी बात है!
शायद आप नहीं जानते होंगे उनको!

## धुंध में जीवन

हमारी दुनिया में
कोई भी दृश्य साफ़ नहीं है

हत्यारे घूम रहे हैं खुलेआम
और अख़बारों में उनके भूमिगत होने के अनुमान हैं

तह करके रखा हुआ अख़बार
काम के बाद घर लौटते पिता की नज़रों से
बचा लेना चाहता हूँ

# स्वीकार नहीं करेगी माँ

स्वीकार नहीं करेगी माँ कभी कि
मन्दिर की सीढ़ियाँ चढ़ते हुए भी
उसने ईश्वर से ज़्यादा मेरे बारे में सोचा

नहीं स्वीकार करेगी कभी
कि मेरे शहर से लौटने तक प्रार्थना में
क्यों जुटी रहती थी वह
हर आहट में मेरे मौजूद होने का अहसास
क्यों बना रहता था उसके मन में

माँ कभी नहीं मानेगी कि उसने
मुझे सागर सा स्नेह दिया
और आँखों की कोरों में काजल डालकर
दुनिया के सारे अपशकुनों से मुक्त रखने की
कोशिश में जुटी रही

एक तावीज़ में बन्द रखा सारी बाधाओं को मेरे लिए!

वह हँस देगी और ना में सिर हिलाएगी
जब मैं कहूँगा—

कि मेरी सारी कविताएँ
तुमसे ही जन्म लेती हैं!

माँ धरती की ओर इशारा करेगी ऐसे में
और अपने अनपढ़ होने का पूरा प्रमाण देगी।

## माँ की शॉल

माँ की वह शॉल कपड़ों के बीच रखी है
इस तरह से उसे रोज़ एक बार देख ही लेता हूँ
उसे ओढ़े हुए एक तस्वीर है
मेरे ब्याह के बाद की सुबह की
जब रात हुई बूँदाबाँदी से छत भीगी हुई थी
और फ़ोटोग्राफ़र ने शहर वापस लौटने से ठीक पहले
मुझसे कहा था—
चलिए ऊपर, माँ की एक अकेली तस्वीर खींच देते हैं

एक बार वह कह रही थी—
बढ़िया शॉल है
यह मौसी पर भी अच्छी लगेगी
लेकिन उसने जाने किस संकोच में नहीं कहा होगा कि
एक मौसी के लिए भी ले लेना

मौसी सुदूर देहात में रहती थी
दिक़्क़तों से भरे उसके जीवन को हम जानते थे

जाड़े की साँझ को एक बार मैं घर लौटा
देखा, लकड़ियाँ जलाकर माँ आग ताप रही थी
घर के अन्दर आते हुए सबसे पहले उसे यही बताया कि
एक ऐसी ही शॉल मौसी को देकर आ रहा हूँ

एकाएक माँ का गला भर आया
वह कुछ बोल नहीं पा रही थी
मुझे लगा कि वह कुछ और पूछेगी
पर वह कोई गीत गाने लगी
जो अक्सर वह सोते समय या एकान्त में
या भावुक होने पर गाती थी

दो दिन बाद जब मैं अपने काम पर निकल रहा था
उसने मौसी के बारे में जानना चाहा कि
उस भेंट में वह कैसी थी, क्या कह रही थी

वह तो ले भी नहीं रही थी
कहा—"दीदी को ही अच्छी लगेगी,
हम देहात में रहते हैं,
इतना बढ़िया शॉल ओढ़कर कहाँ जाएँगे!"

माँ ने इतना भर कहा—
शुरू से ही सन्तोषी रही हमारी यह बहिन!

यह कहते हुए जब सुना तो लगा कि
भाई-बहन यादों में कभी बूढ़े नहीं होते
उनकी संवेदना का कोई भी रूप हमें
जीवन के अनजान क्षितिजों की तरफ़ ले जा सकता है!

और सम्भव है कि वह एक शॉल ही हो!

## गंध

[सन्दीप नाईक के लिए]

पुरानी किताबों की गंध की तरह
बसी है तुम्हारी याद

किताबें जो हमने पैदल चलकर
पैसे बचाते हुए ख़रीदीं

किताबें जो हमें प्रिय थीं
और जो हमें उपहार में मिलीं
और कुछ फुटपाथ पर
विस्मित कर देने वाली तारीख़ों
और हस्ताक्षरों से भरी हुईं

धूसर हो गई शीशम की आलमारी में
बरसों से जतन से रखी गईं
जिन्हें झाड़-पोंछ कर आता रहा हूँ
जीवन के लम्बे और अपरिचित रास्तों पर

स्मृतियों को बचाता हुआ
समय की धूल से!

किताबों पर अपने नाम
शहर और तारीख़ लिखने की याद बाक़ी है
गोकि हमें अभी और शहर बदलने थे!

अभी भी शामिल हो तुम
एक ऐसी ही याद में

## अच्छे दोस्त

अच्छे दोस्त पूरे सफ़र में कम मिलते हैं
वे एकाएक किसी स्टेशन पर हमारा साथ छोड़ देते हैं

अच्छे दोस्त बचपन की याद
की तरह होते हैं
वे मृत्युपर्यंत हमारी स्मृतियों में बने रहते हैं
पुरानी गठिया की पीड़ा की तरह

उनकी अच्छाई गड़ती है नींद में
स्वप्न तक की यात्रा में करते हैं बेचैन

इस ज़हान में
सुन्दर कविताओं की तरह
मिलते नहीं अब अच्छे दोस्त!

# दोस्त का आना

रेल चली गई है
उसका अन्तिम सिरा देखकर लौट रहा हूँ कमरे पर

दोस्त का चेहरा
छूट गया है मेरे भीतर!
चाहता था कि वह कुछ दिन और रहे

हमने मिलकर कई रोज़ बनाई थी रसोई
उसकी बातें तैर रही हैं भीतर

हम कई रोज़ जगे रहे सुबह तक
गप्प के अन्तहीन सिलसिले में

वह कहता था :
तुम्हारे कमरे से हरे पहाड़ और रेल लाइन दिखती है
तुम कितने भाग्यशाली हो!
तुमने कविताएँ लिखनी क्यों छोड़ दीं!

उसका संग-साथ कितना अच्छा था!

पर उसके सिगरेट के धुएँ ने कितना परेशान किया मुझे
यह बात मैं उससे कभी कह नहीं सका!

वह फिर कब आएगा, पता नहीं!
वक़्त अब इतनी मोहलत किसे देता है!

दस बरस पहले
उसने कहा था एक दिन

गाँव के बाहरवाले पुल पर बैठते हुए :
हम लोग हर साल मिलेंगे!

कमरे का दरवाज़ा खोलता हूँ
धुएँ की बास बची है

ओह! उसका एश-ट्रे छूट गया है!

# इस तरह रचते हैं हम दुख का तिलिस्म

हम ग़ुस्से में होते हैं और अपने भीतर
कितना कुछ नष्ट कर डालते हैं
सबसे पहले हम नष्ट करते हैं अपना विवेक
फिर नष्ट होती है मानवीय ऊष्मा

कितनी आसानी से कह देते हैं कि
हम यह मकान बेचकर किसी दूसरे शहर में चले जाएँगे
और मामला सिर्फ़ दो बच्चों की लड़ाई का होता है

ऐसे में थोड़ी देर के लिए आँखों के सामने से
हट जाते हैं पिता के मेहनतकश कन्धे
और उनका पसीना से भरा चेहरा धुँधला जाता है

पाई-पाई जमा कर हमारे ही लिए बना था यह घर,
हम भूल जाते हैं!

पत्नी के उभरे पेट पर सिर रखकर नौ महीने
जिसके आने का इन्तज़ार किया था इस पृथ्वी पर
उसे बिना विचारे ही कह देते हैं कई बार
—तुम पैदा होते ही क्यों नहीं मर गए!

फिर जगते हैं देर रात तक और
हृदय में अपने शब्दों की फाँस लिये करवटें बदलते हैं

इस तरह रचते हैं हम अपने लिए दुख का एक तिलिस्म!

## यह कमरा

बेशक यह किराये का ही है
पर है अभी मेरा!

मेरे कुछ पुराने दिन जो सख़्त थे
और मेरे उड़े हुए चेहरे पर हँसते थे
तब इस कमरे ने मुझसे बातें की थीं
मेरे जलते हुए तलवे सहलाए थे

शुरू के दिन थे—
इस पर बहुत प्यार आया था

छीजते हुए आत्मविश्वास और शाप से भरे हुए दिनों में
पूरे विश्वास से इसमें लौटता था मैं!

सर्दियों की एक कठिन रात में
एक बार बस अड्डे पर उतरा था
तो इस पराए शहर में मेरे पास एक कमरा था
इस विश्वास ने कितना बल दिया था!

ख़राब दिनों में उम्मीद से भरे होने का साक्षी
सिर्फ़ यह कमरा है

सपनों से भरे एक आदमी को
धीरे-धीरे ख़ाली होते देखा है इसने
कुछ लिखते देर-देर रात तक

और सुबह उसे चिन्दियों में बदलते हुए
धीमी गति से ज़िन्दगी में रखी चीज़ों को
उदास और बेरंग होते देखा है
...और देखा है कविता की नब्ज़ को
डूबते हुए!

अब तो एक पराए शहर में
एक अनजान आदमी के लिए
हौसला दिलाने वाले हाथ भी नहीं दिखते

शुक्र है—
इस कमरे में सुबह-सुबह
अब हरि प्रसाद चौरसिया की बाँसुरी गूँजती है
और दीवार पर लगी तस्वीर में
वह प्यारा बच्चा शाम को कमरे में लौटने पर मुस्कुराता है

## दोस्त का घर

कैमरे पर कितना अनुराग जगाता है
बिस्तर पर बिखरी हुई उसकी किताबें
बरामदे पर रखे हुए फूल के गमले
खिड़की से दिखते हरे पहाड़
दरवाज़े पर घने एरीका पाम

उसके पिता दिखे हैं कई बार कुछ पढ़ते हुए
होम्योपैथी की दवा की शीशियाँ सँभालते हुए
एक शीशम की कुर्सी दिखती है
लगभग साठ वर्ष पुरानी, जिसके बनाए जाने की
ठीक-ठीक तारीख़ उसके पिता को भी अब याद नहीं!

बेटी जो स्कूल जाते-जाते कैमरे पर हाय अंकल बोलती है
हमारे यहाँ कब आओगे, पूछती है

उसने अपनी रसोई दिखलाई है, वह छोटी सी है
मगर उसका रखरखाव कितना सुन्दर है!
पीतल काँसे के पुराने बरतन भी तरतीब से रखे हुए,
जिनका इस्तेमाल बीते दिनों की बात हो गई है
पत्नी शरमाती हुई कहती है—नमस्ते भाई साहब, कैसे हैं?
भाभी कैसी है? और कैमरे की ओर देखती भी नहीं!

कैमरे पर कितनी प्यारी लगती है उसकी गृहस्थी!
लेकिन कैंसरग्रस्त माँ की मृत्यु के बारे में बताते हुए
कैसे बिलख-बिलख कर रो पड़ा था वह

दोस्त एक स्कूल में पढ़ाता है
उससे कभी मिला नहीं
स्कूल पहाड़ के नीचे है
उसने दिखाया था एक रोज़ अपना स्कूल और ढेर सारे बच्चे
पाँचवीं में पढ़ रही एक बच्ची से पहाड़ी गीत सुनवाया था

कैमरे पर सब कुछ कितना मोह जगाने वाला है
कितनी हसरतें जन्म लेती हैं
एक सुदूर बसे आदमी के लिए!

कल उसे मिल गई है मेरी भेजी किताबें
उसे दिखाते हुए कैमरे पर कह रहा था—
अब आप आ भी जाओ
आप भी हमारे परिवार का हिस्सा हो अब!

## बीच की उम्र

एक रात, जब मैं सफ़र पर था
बस की खिड़की से
चाँद को भी साथ चलते हुए देखा
मुझे नींद आ गई चाँद को देखते हुए

एक सपना आया
मैं बचपन के एक शहर के ख़ाली हिस्से में
पतंग उड़ा रहा था
साथ पढ़ते हुए बच्चे स्कूल का बस्ता लिये
घर लौट रहे थे
इब्राहिम चा अपनी बकरियों को
खेत की तरफ़ हाँक रहे थे,
पूछा कि तुम आज स्कूल नहीं गए?

मैं जग गया अचकचाकर!

बस एक पुल को पार कर रही थी
नीचे पानी था
चाँद उसमें तैर रहा था
बीच की उम्र कहीं खो गई थी

## स्मृति पर पुल

एक विशालकाय पुल पर खड़ा था
नीचे गंगा बह रही थी
एक नाव दूर जा रही थी धारा के साथ
शायद उसे उधर ही जाना था

मुझे अपने गाँव की नदी का पुल उस समय भी याद था
जब मैं उस पुल पर खड़ा था
नीचे की ओर देख रहा था जहाँ अथाह जलराशि थी
किनारे पर मुरदे जल रहे थे

मैं अपने गाँव की नदी पर बने पुल से नीचे कूदता था
और तैर कर बाहर आ जाता था

कूदने की स्मृति से देह में झुरझुरी हुई!

मैं पुल से जल्दी-जल्दी चलकर बाहर आ गया!
अब मैं कूदने की हद से बाहर था!

और जितनी जल्दी हो सके
अपने गाँव नोनीहाट पहुँच जाना चाहता था
जो अब भी पटना से तीन सौ बीस किलोमीटर दूर था

## अन्ततः

इस क़स्बे में
एक ही चित्रकार था

आज
वह भी दिल्ली चला गया!

# पुराने लोग

एक दिन ऐसा भी आता है
जब स्मृति से उतर आते हैं पुराने लोग
पुराने लोगों के बारे में बातें करते हुए सोचते हुए
हम अक्सर हो जाया करते हैं भावुक।

कठिन समय में जब समाज दुखी होता है,
पुराने लोगों के आदर्श व्यवहार और अच्छाइयों के बारे में
अक्सर दी जाती हैं दुहाइयाँ।

रामरूप बूढ़े ने डंके की चोट पर
चार स्त्रियाँ रखी थीं—
पुराने लोगों के बारे में बात करते हुए
यह प्रसंग हम प्यारा और मनभावन बना डालते हैं।

सबसे बड़ी बात यह है कि बचे हुए पुराने लोग,
पुराने लोगों के बारे में करते हैं अक्सर अच्छी ही बातें।
पूरे जीवन भर नहीं हुआ जिनमें आपस में ठीक-ठीक निबाह
वह बूढ़े भी हुए जा रहे हैं पुलकित।

पुराने लोग कह रहे हैं
अब वे लोभ तृष्णा माया-मोह की दुनिया से हो चुके हैं मुक्त।

दुनिया तेज़ी से बदल गई उनकी आँखों के सामने।
वे ईश्वर से माँगते हैं शक्ति
महँगाई और मृत्यु की बात करते हुए
जीवन और इस व्यवस्था से हो गए लगते हैं दुखी।

सच तो यह है कि मित्रो
पुराने लोग जैसे भी थे, जैसे भी हैं
अब हमारी आत्मीय दुनिया के हिस्से हैं
अब उन्हें लेकर हील-हुज्जत करना बेमानी है।

## बड़ा आदमी

धीरे-धीरे उनका बड़ा होना देखा!

सबसे पहले उन्होंने गाड़ी ख़रीदी
फिर राजधानी में एक ज़मीन
एक दिन लौटे प्रशासन की गाड़ी से गाँव
बॉडीगार्ड के साथ

काले चश्मे में गाँव के बचपन के दोस्तों के साथ खिंचवाई तस्वीरें
नये मन्दिर के लिए दिया अच्छा ख़ासा चन्दा
बुज़ुर्गों का लिया आशीर्वाद
लौटे शहर को भाव विभोर

बचपन के साथियों के साथ इस सामूहिक फ़ोटो में
कितने गद्‌गद और प्रसन्न दिखते हैं वे!

देखते ही देखते राजधानी में उनके घर बनने की ख़बर आई
घर की साज-सज्जा ऐसी की
कि पिता फिसल कर गिर गए स्नानघर में
पत्नी को पसन्द नहीं थी टूटी हुई कमर वाले पिता की कराह
और सुबह उनकी अनवरत रामधुन

पिताजी गाँव भेज दिये गए मझले भाई के पास
जो एक किराने की एक छोटी दुकान चलाता था

माँ पहले से ही रहती थी छोटे बेटे के पास
जो एक सुदूर गाँव में शिक्षक था

बचपन से क्रिकेट के शौक़ीन बच्चे को
देहरादून के स्कूल में डलवाया है
चाहते हैं कि वह भी बड़ा आदमी बने
वह यह भी चाहते हैं कि बच्चा सचिन तेंदुलकर बन जाए
और देश का नाम रोशन करे

एक कुत्ता ख़रीदा गया विदेशी नस्ल का
दरवाज़े पर नेम प्लेट लगवाई
लिखवाया—अधिकारी
राज्य प्रशासनिक सेवा

अभी गए हैं तेज़तर्रार एसएन प्रसाद
राज्य प्रशासनिक सेवा के अधिकारी
सपरिवार वैष्णो देवी की यात्रा पर।

## संसद

अब तो नक़ाबपोशों से भर गई थी यह!
कोई भावुक आदमी यही कहेगा
कि उस विशाल सभागार की दीवारें
अतीत की स्मृतियों से सुबकती थीं
यही हश्र होना था इस विशाल भवन का
जहाँ कर्मठता और ईमानदारी को
जगह पानी थी—
वहाँ औरतों रुपयों और हथियारों के समीकरण से
पहुँचे हमारे अगुआओं के भयाक्रांत कर देने वाले विवरण थे

अय्याशों, जोकरों और भितरघात करने की
हरामज़ादा मस्तिष्कों की भीड़ से
चौतरफ़ा घिर गई थी यह इमारत!

जिन्हें जनता के आँसू पोंछने के संकल्प की परम्परा में जीना था
जिन्हें संघर्ष की स्मृति को साथ रखना था
वे ही शामिल हुए हाय हत्यारों के साथ!

वहाँ जुटे हत्यारे व्यापारी सधे हुए कलाकार
रजत परदे के सितारे
और पहुँचे हुए भाषाविद् पत्रकार
कई मौक़ों पर एक ही सुर में बोलते पाए गए थे

हर चुनाव के बाद वे गहरी उत्तेजना
के साथ आते थे
हम उनका आना देखते थे
फिर उनका तांडव देखते थे

हद है! हद है!
सोचकर यह हम देखते थे निर्विकार!

सोचते थे कुछ गहरे आक्रोश
कुछ अफ़सोस और बेचारगी से भर कर!

हम हँसते हँसते थे
सब हँसते थे
उनके बिकने की ख़बर सुनकर
"ऐसा ही होता है हर युग में"—कह कर!

# एक बेदख़ल दुनिया का मर्सिया

जिन्हें अक्षर ज्ञान नहीं था
और जो अच्छे ज़िल्दसाज़ थे

शहर नहीं देखा
लेकिन जिनके पास अनुभव का आकाश था

जिनके यहाँ बचपन चुपके से आकर गुज़र गया
बेख़बर जो पतंगों की दुकान में
पिता का साथ देते रहे

जिन्होंने कोयले का कारोबार किया
और अपनी चादर साफ़ रख ली

जिन्होंने ज़िन्दगी को किताब मान लिया
और पसीने को अपना धर्म

और वे बच्चे जो पूरी नींद लेना चाहते थे
लेकिन जिन्हें अलस्सुबह काम पर भागना पड़ता था
और जो पिंडलियों में गहरी थकान लिये घर लौटते थे

जो मर गए अफ़सोस में भरकर
जो अपने बच्चों को देखकर भीतर ही भीतर गल जाते थे

जो इतने थक गए थे कि
बेहतर दुनिया की शक्ल धुँधला गई थी
उनकी हताश आँखों में

वह हमारे ही बीच के थे
उनके लिए भी थीं सरकारें और संविधान
बीस सूत्री वाले कार्यक्रमों में वे भी थे शामिल

रेलें उनके लिए भी थीं
तारामंडल उनके लिए भी था

## कुछ वजह तो है!

कुछ वजह तो है
कि बचा हुआ हूँ इस पृथ्वी पर!

मैं बचा हुआ हूँ अपने ही मोह के कारण
जबकि चीज़ें समय से जुड़कर मेरा साथ लगातार छोड़ रही हैं

मैं बचा हुआ हूँ
क्योंकि मुझे अभी ढेर ख़तों के जवाब देने हैं
अच्छी किताबों को दीमकों और कीड़ों से बचाना है

कुछ पौधे लगाने हैं
अपने बाग़ का हरापन कायम रखना है
पिछवाड़े में नारियल के फलने की राह देखनी है

गीत लिखने हैं कामगार दोस्तों के लिए!

किसी का इन्तज़ार करना है मुझे
किसी को मेरा इन्तज़ार है

शायद यही वजह है कि बच रहा हूँ इस पृथ्वी पर!

# दो औरतों की नियति कथा

यह उन दो स्त्रियों की नियति कथा है
जो गाँव बदर कर दी गईं—
जिनके बारे में अब कहा जा रहा है
कि अकेली थीं वे इस संसार में
उनके भीतर अकेलेपन का एक गहरा कुआँ था
जिसमें वे हमेशा गिरी रहीं!

अब वे गाँव बदर कर दी गई हैं तो
ज़ाहिर है एक दिन उनके क़िस्से में लोगों को
वह तरलता नहीं मिलेगी
जिनके बारे में सबसे पहले घोषित हुआ कि
वे अव्वल दर्जे की वेश्याएँ थीं

प्रमाण में यह बताया गया कि
वे लड़कियों स्त्रियों से हँसी-ठट्ठा करती थीं,
लेकिन मर्दों को देखकर ख़ामोशी में पड़ जाती थीं

डर था मुर्ग़ियों में फैले उस वायरस की तरह कि
एक दिन गाँव की सारी स्त्रियों को वेश्या बना डालेंगी
वे मात्र दो स्त्रियाँ!

वे सिर्फ़ दो स्त्रियाँ थीं
और गाँव के सीमांत पर एक किराए के मकान में रहती थीं

कयास यह भी था कि वे पाकिस्तान से भेजी गई
ख़ुफ़िया औरतें हैं जिन्हें यहाँ की औरतों का
चरित्र और ईमान नष्ट करने के वास्ते भेजा गया है

यहाँ आपका विस्मय वाजिब है भाई साहब!
गाँव की सारी औरतों का चरित्र और ईमान कैसे नष्ट हो सकता था
वे सम्पन्न थीं और दोनों शाम भरपेट भोजन करती थीं
उनके पास उनके पति थे
मर्यादाओं से घिरी एक शालीन सामाजिकता थी

अब वे दो औरतें जिन्हें गाँव बदर कर दिया गया है
कैसे कह सकते हैं कि वे वेश्याएँ या खुफिया ही थीं?

क्या एक स्त्री का ज़िन्दादिल होना और किराए के मकान में
अकेली रहना उसके वेश्यापन या ख़ुफ़िया होने के लक्षण हैं?

तो उस आदमी को आप वेश्यागामी कहेंगे
जो उन औरतों से थोड़ी दूर, अकेले उन्हीं की तरह,
एक किराए के मकान में रहता था?

सम्भव है वे दो औरतें यहाँ एक नई ज़िन्दगी
शुरू करने यहाँ आई हों
और हम उन्हें जल्दीबाज़ी में वेश्याएँ कह बैठे हों!

वे वेश्याएँ होतीं तो नियमित रूप से अख़बार नहीं मँगातीं!

वे वेश्याएँ या सन्दिग्ध भी कहाँ थीं
जब किसी ने उन्हें धंधा करते हुए नहीं देखा!!

सुना तो यह भी गया कि वे दोनों बहनें थीं
एक लम्बी उम्र पार करने के बाद भी
अनब्याही थीं और पुरुषों से घृणा करती थीं

लेकिन इस दुनिया में अब वे सिर्फ़ दो औरतें थीं
अकेली थीं जवान थीं

विडम्बना है
अकेली और जवान औरतों के बारे में कुछ
भी कहने से इस समाज का मुँह स्वाद से भर जाता है!

वे गाँव बदर के कहाँ गईं कोई नहीं जानता...

तय है वे जहाँ से आई होंगी
वहाँ से उनके सारे निशान मिटाये जा चुके होंगे

यहाँ वे अपनी पहचान ढूँढ़ने आई होंगी
और हमने उन्हें शीघ्रता में वेश्याएँ कह दिया!

गाँव बदर के बाद वे वेश्याएँ कहाँ गई होंगी
वे फिर किस दिशा में कौन से नगर को जाएँगी और कहाँ बसेंगी...!

और जहाँ क्या निश्चित है कि उन्हें वेश्याएँ ना कहा जाए?

## यह ख़रीद लीजिए प्लीज़!

पूरी दुनिया में चक्कर काटने के बाद सुष्मिता सेन
हमारे घर की स्त्रियों के लिए एक नायाब चीज़ ढूँढ़ लाईं
उस सेनेटरी नैपकिन के बारे में
उम्दा ख़याल रखते हुए उसने बताया—
यह ख़रीद लीजिए, यह सबसे अच्छा है!

यह सबसे अच्छा है! वंडरफुल!
—इसे तो आप ख़रीद ही लें!
एक साबुन की झाग में अर्धनग्न
ऐश्वर्या राय ने पुलक में भरकर कहा

एक जूते से पूरे विवस्त्र शरीर को
कलात्मक ढंग से ढकते हुए
मधु सप्रे की आँखों में आवारगी और आमंत्रण था—
यही लीजिए, मेरी तरह टिकाऊ ख़ूबसूरत और मज़ेदार!

गर्दन उरोजों और सुडौल टाँगों पर
उँगलियाँ फिराते हुए मिस फेमिना ने मर्दों को बताया—
इससे मुलायम और क्या हो सकता है भला!
सेविंग के लिए प्लीज़ यह ब्लेड लीजिए!

इसका एहसास कितना ख़ूबसूरत है!
काश मैं बता सकती आपको...

नशीली आँखों से एक कंडोम के अनुभव को
साकार करते हुए पूजा बेदी ने कहा—
आप अगली बार यही आजमाएँगे, आई होप!

नौ गज़ की साड़ी पूरे बदन पर लपेटने के बाद भी
नंगी पीठ दिखलाती हुई संगीता बिजलानी मुस्कुरा रही थीं—
हाय यह मेरी तरह हल्की है इसे लीजिए ना!

मैं छह बच्चों की माँ हूँ!
पर मेरे बालों की चमक तो देखिए!
एक शैम्पू की दुनिया में अब शोभा डे भी महक रही थीं
और उनके भी होंठ उसे ख़रीद लेने के अनुरोध
और उत्तेजना में काँप रहे थे

ये आम स्त्रियों की तरह ही हाड़ मांस की औरतें थीं
पर उन्मादित ढंग से हमारी दुनिया में बेख़ौफ़ आ गई थीं
इनका ख़ास मक़सद हमारी बेरौनक दुनिया को सुन्दर बनाना था
यह महकती हुई औरतें थीं—
युवा और आकर्षक!
उकताहट से परे ज़िन्दादिल और आत्मविश्वास से भरी हुईं,
जो बाज़ार को घर ले आने की सारी कलाएँ जानती थीं

इनकी उँगलियाँ गीले आटे के एहसास से नावाकिफ़ थीं
इन्हें अपने बच्चों को तैयार करके स्कूल भेजने की
जल्दी में नहीं जीना था और ना
ऑफ़िस जाते पतियों के लिए टिफ़िन तैयार करना था

ये वो पिलपिली नहीं थीं जिन्हें डॉक्टर के पास
बनिए के पास रोज़ के सौदा सुलुफ़ के लिए जाना था

उनके भीतर निरन्तर फैलता हुआ एक इत्मीनान था
रोज़मर्रा की चीज़ों के लिए परिचित और
लिज़लिज़ा अफ़सोस नहीं

इन्हें सोहर नहीं गाना था
व्रत नहीं रखने थे!

ये छोटी-मोटी अधूरी आकांक्षाओं की मारी स्त्रियाँ नहीं थीं
छोटे-छोटे सुखों के लिए आह भरती कुंठा नहीं थीं
सम्भवतः ये चाँद से उतरी थीं और सितारों से मुख़ातिब थीं

हमारी दुनिया को थोड़ा और बेहतर बनाने के लिए
रूमानियत से लबालब पैमाना थीं
सुनहरा अवसर थीं—जिन्हें हम सब को चूकना नहीं था

यह हमारे घर की स्त्रियों लड़कियों के लिए सपना थीं
जीवन का मकसद थीं, जिन्हें हर हाल में उन्हें पूरा करना था

यह संस्कृति की भाषा में बाज़ार थीं
बाज़ार की भाषा में उत्तेजना
विज्ञापन की भाषा में बाग़ का ताज़ापन थीं
ये नई बाज़ार व्यवस्था का रूमान थीं

बेहद शालीन ढंग से उच्छृंखल होती स्त्रियाँ थीं

ये औरतें एक बहुत बड़ी ज़िम्मेदारी थीं
जिन्हें काफ़ी सँभालकर सावधानी और समझदारी के साथ
उतारा गया था सुन्दर और ख़ुशहाल बनाने को हमारी दुनिया में...
...

अब आपका झुँझलाना व्यर्थ है!

ये औरतें तब एक महज़ अनुरोध थीं
सिर्फ़ एक नादान शख़्सियत!
आप ही के शब्दों में शालीनता की परिभाषा थीं

ग़ौर कीजिए...
वे चोर दरवाज़े से नहीं आई थीं हमारे घरों में
आपने उन्हें आते हुए देखा था सामने से
आप ने ही उन्हें गले लगाकर दरवाज़े से भीतर बुलाया था

फिर आपने ही उन युवा आकर्षक आक्रामक
और स्वप्न में डूबी अवास्तविक औरतों से कल्पना में प्रेम किया था

आपने ही सबसे पहले उत्साह में पत्नी का कन्धा दबाते हुए
उन औरतों के बारे में कहा था कोई हौसलामंद वाक्य

तब ये अनुरोध करती औरतें आपके दरवाज़े पर खड़ी थीं

## और अन्त में

जिसके पास विज्ञापन की सबसे अच्छी भाषा थी
...वह बचा
...वह औरत बची, जिसके पास सुन्दर देह थी
और जो दूसरों के इशारे पर रात-रात भर नाचती रही

कुछ औरतें और मर्द
जिनमें ख़रीदने की हैसियत थी और वे सारे लोग बचे
जो बेचने की कला जानते थे!

## वे दिन और रात की तरह सच हैं

वे हर एक शहर में हैं
काम पर जाती हुईं
काम से लौटती हुईं

शोहदों और लफ़्फ़ाज़ों के अनन्त शोर से
अपने को बचाने की कोशिश में भरी हुईं

वे दिन और रात की तरह सच हैं
हमारी दुनिया में

साधुजनों की वाणियों में उनके लिए परोसी शालीनता
और अख़बारों में दर्ज क्रूरताएँ भी हैं अपनी जगह

उनके सपने अकेलेपन और संघर्षों के
अनन्त क़िस्से लिखते रहे हैं
शहरों के कवि!

कहा गया है ओस की तरह हैं उनकी इच्छाएँ
जो कठिन मेहनत और दुख की आँच में सूख जाती हैं

लम्बी उम्र जीती हैं उनमें से बहुत कम
प्रसवावस्था में मर जाती हैं
या छोटी-मोटी बीमारियों में

और हरेक शहर की छोटी-सँकरी गलियों में
उनके किराए के घर
अनगिनत स्मृतियों की गंध से
देवताओं के फोटुओं से
सस्ती अगरबत्ती की बची हुई ख़ुशबुओं में तिरते हुए

## हाट की बात

हाट जाना मुझे मेरे पिता ने सिखाया

एकदम बचपन की बात बताता हूँ
वे रविवार की सुबह मुझे अपने साथ
कर लेते थे
मैं झोला अपनी नन्ही मुट्ठियों में भींचे
उनकी उँगली थामे होता था

मैंने उनके साथ कई शहर बदले
पर हाट जाने का सिलसिला बदस्तूर ज़ारी रहा

अच्छी क़िस्म के आलू और दूसरी सब्ज़ियों की पहचान
मैंने एकदम छोटी उम्र में कर ली थी
क्या आपको पता है, बैगन हल्के अच्छे होते हैं?
मछलियों के फेफड़े से उनके ताज़ेपन की पहचान होती है?

सोलह बरस पहले,
जिस दिन आख़िरी साँस ली पिता ने
वह रविवार का दिन था और मैं अपने गाँव की हाट गया था

तीस बत्तीस का हो गया हूँ
हफ़्ते की हाट जाना मुझे आज भी अच्छा लगता है

हरी सब्ज़ियों से भरे खोमचे मुझे जीवन में
देखे गए सुन्दर दृश्यों में से लगते हैं

पिंजरों में प्यारे कबूतर सिर निकालकर देखते हैं
हाट आए लोगों को
बिक जाने के बाद उनका क्या होगा, थोड़े ही जानते हैं

अजीबोग़रीब शक्ल के पगड़ी वाले
जो अपने को परदेशी बताते हैं
बेचते हैं कई क़िस्मों के तेल और जड़ी बूटियाँ
मौक़ा ताड़कर लोगों को रातों की हताशा
और बेचारगी का निदान सुझाते हैं

कहते हैं—
साँड़े का तेल लगाओ, सब ठीक हो जावेगा
बीवी ख़ुश हो जावेगी

बच्चों की आमद देखकर कहते हैं—
बाबू साब, तुम्हारी उमर नहीं हुई ये सब सुनने की,
चल खिसक ले!

# बचपन की कोई ब्लैक एंड व्हाइट तस्वीर

अब तो उस मकान की स्मृति भर है
जिसके आगे मेरी वह तस्वीर है

एक घोड़ा बँधा दिखता है थोड़ी दूर में
और मेरा बड़ा भाई बैलगाड़ी के पीछे
कैमरे से छुपने की कोशिश में लजाता हुआ

आह, वह दृश्य!

मफ़लर और फूल वाले स्वेटर में
बुआ का हाथ थामे मैं अपने पुराने खपरैल वाले
घर के चबूतरे पर
और मेमने अपनी माँ के स्तन पर थूथन
मारते हुए!

कितनी विह्वलता भरी है उस तस्वीर में!
कितना जीवन रस!

अब तो वह मकान भी नहीं रहा
और टोले में वह घोड़ा किसका था?

सब कहते हैं—
तब तो हर घर में गायें भी होती थीं!

क्या आपके पास बचपन की कोई ब्लैक एंड व्हाइट तस्वीर है,
जिसके खींचे जाने की याद
ज़ेहन में नहीं के बराबर है?

क्या उस फ़ोटोग्राफ़र के बारे में यक़ीन से कुछ
बता सकते हैं, जो शहर से गाँव फ़ोटो
खींचने के लिए ही आता था?

## पतंग भी उसी की है

मैं तो पतंगों को उड़ता
देखकर ही ख़ुश होता था

जिस दिन पिताजी ने कहा था
तुम बहुत अच्छी पतंग उड़ाते हो
चौथी में पढ़ने वाला बच्चा
इतनी अच्छी पतंग नहीं उड़ा सकता!

उस रोज़ मैं भी आकाश में उड़ रहा था
और मैंने पिताजी से कहा
कि आज रात को मैं आपके ख़ूब पैर दबाऊँगा
फिर पीठ पर भी चढ़ूँगा

दूसरे रोज़ भी आसमान खुला था
मैं और पतंग दोनों आसमान में थे
दूसरी छतों पर बच्चे कूद रहे थे
उनके पास भी पतंगें थीं
उनका भी आसमान था

हमारे घर के दरवाज़े पर एक ट्रक लगा था
और उस समय घर का सारा सामान
उस पर लादा जा रहा था
माँ ने बहुत बाद में बताया कि

उस समय तक पता नहीं था
इसके बाद हमें जाना कहाँ पर है!

वह घर बिक चुका था
जो पिताजी ने पसीने से बनवाया था
इसका मतलब था कि
मैं बिके हुए घर की छत पर पतंग उड़ा रहा था!

माँ ऊपर आई और कहा,
चलो, पतंग को उड़ता छोड़ दो!
अब जिसकी छत है
पतंग भी उसी की है!

# दोस्त के पिता से एक सम्भावित मुलाक़ात के बारे में

तुम अभी वापसी के सफ़र में हो
और मैं यहाँ तुम्हारे पिता के बारे में सोच रहा हूँ

मैं जो उनसे कभी मिला नहीं
बस उनकी जीवन शैली का एक चित्र रखा है
जो तुम्हारे शब्दों से बना है

तुमने बताया था कि
वह चीज़ों से मुक्त हो गए तटस्थ मनुष्य हैं
चार कमरों और बरामदों वाले अपने बनाए मकान में
एक परिचित सन्नाटे और एकाकीपन के साथ
कोई ख़ास शैली हो जैसे नई सभ्यता में एकान्तवास की!

तुमने उनके बारे में इतनी बातें की हैं
कि मैं लगभग उदास हूँ उनको सोचकर
उनसे मिलने जाने की बात मन में आती है
क्या वे असहज नहीं होंगे
जब मैं कहूँगा मैं आपके बेटे का दोस्त हूँ
इस शहर में बहुत दिनों के बाद आया
तो सोचा कि क्यों न आप से मिलता चलूँ!

वह मुझसे क्या बातें करेंगे?
थोड़ी असहजता और हड़बड़ी में
मुझे उस कुर्सी पर बैठने को कहेंगे
जिस पर कई रोज़ की धूल पड़ी होगी

ओह! हमारी बातचीत की शुरुआत कहाँ से होगी!

तुमने बताया ही है कि अब
गुमसुम हो गए हैं माँ के जाने के बाद
चीज़ों की तरह बहुत कम शब्दों से चल जाता है उनका काम

शायद इस बात से शुरुआत होगी कि
कितना बदल गया है यह भागलपुर!
जब मैं पढ़ता था इतनी भीड़भाड़ कहाँ थी!
पहले ऐसा कहाँ था!
देखते ही देखते ऊँची इमारतों, फैलते बाज़ारों
और गाड़ियों से भर गया यह शहर!

क्या हम मौसम के बारे में बात करेंगे
कि वह लगातार गर्म होता जा रहा है
या पावर कट के बारे में जिसके लिए
यह रेशमनगरी कभी त्रस्त हुआ करती थी
या शहर के गैंगवार अतीत के बारे में?

क्या वे बातचीत में उन्नीस सौ नवासी के दंगों के
बारे में कुछ कहेंगे
देश में अपनी ही तरह की पुलिसिया कार्रवाई
अँखफोड़वा कांड की याद उन्हें क्या होगी?
उस समय तो वे भरपूर युवा रहे होंगे!

बस ऐसी ही कुछ बातें जो समय को
भरने के लिए यंत्रवत् बोली जाती हैं

और अब यह एक कयास ही है कि
उनकी भाव भंगिमा ऐसे में क्या होगी!
क्या वे बस सिर हिलाएँगे
जैसा कि तुमने कहा है कि
अजनबियों के सामने बस हाँ-हूँ में जवाब देते हैं
और किसी बच्चे की तरह दिखने लगते हैं
जैसे उनके लिए यह सब जीवन का
एक नया अनुभव हो

और अन्त में
हाँ, मैं कहूँगा उनसे अन्त में—
जब कुछ कहना शेष नहीं रह जाएगा—

"बेटे के पास कुछ दिन हो आइए,
कितनी तो बातें करता रहता है जयंत आपके बारे में..."

कोई हवा रुकी होगी
हमारी बातचीत के बीच
यह मुझे पता है...

मैं बार-बार घर की दीवारें और कमरे में रखी चीज़ें हेरता रहूँगा
जिस पर एक उदासी तारी होगी और ठहरा हुआ समय दिखेगा वहाँ

क्या उन तस्वीरों के बारे में पूछना सही होगा
जो बरसों से दीवारों पर लगी हैं
क्या वे अकेले में उनसे बातें करते होंगे?

यह सोचते हुए मैं उठूँगा और उनसे विदा लूँगा
जैसा कि तुमने कहा है
वह आएँगे बाहर सड़क तक मुझे छोड़ने को

घर आए आगन्तुक को
बाहर छोड़ आने की उनकी आदत पुरानी है

## कोई-सा दिन

एक पूरा दिन
तुम्हारे साथ ख़र्च करना चाहता हूँ
वो कौन सा महीना होगा कौन सा दिन!

क्या धूप बहुत तेज़ होगी उस रोज़
या बादल काले हो रहे होंगे
बारिश का संकेत देते हुए

क्या हवा अपनी पूरी ठंडक के साथ
तुम्हारे कमरे में फैली होगी
बेतरतीब काग़ज़ों और किताबों के बीच

क्या तुम्हारा कमरा वैसा ही है
जैसा पन्द्रह साल पहले था?

तुम्हारी आदतें कितनी बदली हैं
तुमने ठीक से रसोई बनाना सीख लिया है
कपड़े अब भी तह करके करीने से रखती हो वार्ड रोब में

किराये का मेरा वो कमरा और गुलमोहर
क्या अब भी दिखते हैं तुम्हारी छत से
और हाँ, क्या भाई आज भी सुनता है
वैसे ही डूबकर पंडित रविशंकर को

माँ के घुटने का दर्द कैसा है
तुम्हारे पिता अब कैसे दिखते हैं

क्या धूप अब भी आती है तुम्हारे बिस्तर पर

एक पूरा दिन तुम्हारे साथ ख़र्च करना चाहता हूँ
वह कौन सा महीना होगा
जाने कौन सा दिन!

# मैं लौटूँगा

तबादले का मतलब
एक शहर के जीवन से सभी चीज़ों का छूटना नहीं है
एक शहर से विदा होने का मतलब स्मृतियों और
यादों का समाप्त हो जाना नहीं है
मैं कमान से निकला हुआ तीर नहीं हूँ
जो नहीं लौटूँगा फिर!

मैं लौटूँगा तुम्हारे पास
पर उस तरह से नहीं
जैसे लौटकर आते हैं
हर बरसात में इस देश के कुछ हिस्सों में
प्रवासी पक्षियों के समूह

या जैसे लौट आते हैं
बसंत के महीने में पेड़ों पर नये पत्ते
या शाम आती है जैसे!

नहीं लौटूँगा उस तरह से!

जीवन में उम्मीद और
किनारों पर लहरों की तरह लौटूँगा

मैं तुम्हारी नींद में लौटूँगा
किसी सुन्दर सपने की तरह

लौटूँगा तुम्हारी त्वचा और साँस में
हवाओं के साथ

शायद लौटूँ पंछी बनकर और
तुम्हारे कमरे के रोशनदान पर बसेरा करूँ...
बहूँ तुम्हारे रक्त में तुम्हारे कुएँ का जल बनकर

बिखरूँ...
गुनगुनी धूप का टुकड़ा बनकर
सर्दियों के दिनों में तुम्हारी छत पर

देखना, तुम्हारे घर की ख़ाली ज़मीन पर
वनस्पति बनकर उगूँगा
और चौके में आऊँगा तुम्हारे पास

तुलसी की पत्तियाँ बन जाऊँगा तुम्हारे आँगन में
तुम खाँसी की तकलीफ़ में उबालकर मुझे पीना!

देखना मैं लौटूँगा कुछ ऐसे ही
और वह लौटना दिखाई नहीं देगा!

## बिना शीर्षक-1

तुम्हारे बारे में सोचते हुए
एक दिन पाया कि
ऐसा करते हुए कई साल बीत गए हैं

याद करना कुछ ख़ास करने
जैसा नहीं रह गया था
यह कोई सहायक क्रिया भी नहीं थी

तुम्हें बताना चाहता हूँ
कि वह शहर पूरी तरह बदल गया था
जो हमारी साँसों में बसता था

सारी चीज़ें हमेशा की
तरह बदल रही थीं
हमारे साथ बैठने की वह जगह भी
जो हम स्मृतियों में छोड़ आए!

मैंने दरबान से पूछा कि
यहाँ एक गुलमोहर भी हुआ करता था
जवाब में उसने कहा कि
आपको मिलना किससे है?

साइकिलें नहीं थीं!

वे मुझे वह बेहद शिद्दत से याद आईं
जो हॉस्टल की बाहरी दीवारों पर टिकी रहती थीं

बहुत तेज़ भागता प्रेम था यहाँ
और थोड़ा आक्रामक दिखता सा
असहजता जैसे बीते दिनों का क़िस्सा थीं

क्या इत्मीनान से भरे थे हमारे दिन?
क्या हमारी यादों में उन दिनों की आशंकाएँ दर्ज हैं!
और क्या दुख की इबारतों के क़िस्से भी मिलेंगे वहाँ?

कहाँ जाएँ कि शक्लें
अब बदल चुकी हैं
और अच्छा हुआ कि
हम अपनी पुरानी डायरियाँ
भी कहीं रखकर भूल गए हैं!!

## बिना शीर्षक-2

एक रोज़ उसके चेहरे पर सूरज सुनहला था।
उसको देखकर एक पुरानी फ़िल्म की याद आती थी
और उनके पोस्टर जिसमें आमोल पालेकर और
विद्या सिन्हा की तस्वीर नुमायां थी।

सुबह सोकर उठने के बाद
मैं उसको फ़ोन करता था
बदले में वह मुझे अपनी पुरानी यात्राओं की
तस्वीरें भेजती थी।
हम पीछे छूट गए अपने-अपने घरों की बातें करते थे।
उसने एक दिन अपनी माँ की वह साड़ी दिखाई
जिसको तीस साल बाद उसने एक सलवार सूट में बदल दिया था।

वह गाती बहुत अच्छा थी।
जब हम मिले थे तो उसका गला फँसा हुआ था
लेकिन उसने मेरे कहने पर एक पुरानी धुन सुनाई और कहा
कि क्या संयोग है कि यह गाना मेरी माँ को भी बहुत पसन्द था।

## पुल

[गीता के लिए]

कैसा विस्मय भरा दिन रहा होगा, अब सोचता हूँ
जबकि साथ चलने के इस सफ़र के तेईस-चौबीस साल हुए जाते हैं

दिसम्बर 98 की वह शाम जब घर की
बस पकड़ने की हड़बड़ी में भरा था
तुम आए उस पुरानी इमारत में
जहाँ मेरा दफ़्तर था

आए थे तुम कुछ संकोच से घिरे
यह कहते हुए कि मेरे पास बैग में कुछ है
और मुझे डर लग रहा है
तुमने अपना बैग मेरी गोद में रख दिया था
तुम्हारी नौकरी के पहले पाँच महीने की तनख़्वाह थी वहाँ!

तुम्हारे भीतर की वह ख़ुशी और किंचित संकोच की याद है मुझे!
मिठाई की दुकान में कोने वाली टेबल में हमने मिठाइयाँ खाई थीं
तुम चाहते थे कि मैं बहुत सारी खा लूँ
एक मिठाई तुमने अपने हाथों से मेरे मुँह में रखी थी
और मैं कैसे शरमा रहा था

फिर तुमने अपनी माँ के लिए एक स्वेटर लिया

एक अपने लिए भी
फिर मुझसे पूछा कि क्या मैं एक स्वेटर आपके लिए ले सकती हूँ?

फिर न जाने क्यों कहा, पता नहीं किस अतिरेक में कि
अब नौकरी हो गई है, कुछ दिनों के बाद हम कहीं घूमने चलेंगे!

मार्निंग वॉक के बाद तुम एक सुबह मेरे कमरे में आए
जब मैं रसोई की जुगत में लगा था झुँझलाहट से भरा
तुमने मुझे हटाया और रसोई बनाई

उस रोज़ कमरे में संगीत आया और जीवन में
बहुत सारी धूप आई जो सुख देती थी
मैंने वह स्वेटर पहना उस रोज़
तुम्हारी बनाई रसोई का स्वाद लिया और देर शाम तक
उस छोटे से शहर के चक्कर काटता रहा

वह शहर मुझे अच्छा लगा पहली बार
मैं यहाँ रह सकता हूँ, इस ख़याल में डूबा हुआ
ऑल इंडिया रेडियो पर पुराने गाने सुनता हुआ सो गया

तुम आत्मविश्वास से भरा एक पुल थे
कुछ रोज़ बाद यह जाना
जहाँ से जीवन के नये रास्ते बनते थे
फिर तुमने बताया इस धरती पर बहुत सारी
वनस्पतियों और फूलों के बारे में

वह कविता का नया संसार था
अनजाना अनदेखा अनचीन्हा और अलक्षित!
पाए अनुभव के नये क्षितिज
तुम्हारे साथ जीवन के नये रास्तों पर चलते!

## बस इतना भर पानी मौला!

जैसे वह पहली बार हो रही हो
मैं अपने घर के दरवाज़े पर खड़ा
होती हुई बारिश देख रहा था

अब वह दरवाज़ा भी नहीं था
और वह सड़क भी नहीं,
जिस पर हमने काग़ज़ की नाव चलाई थी

बारिश हर साल होती थी
मगर अब कुछ सालों से
किसी रहम की तरह दिखती थी

लोग उदास होकर कहते थे
कि अब वैसी बारिश कहाँ!

आकाश की ओर उम्मीद लगाए
बदहवास आँखों वाली किसानों की तस्वीरें
कभी-कभार अख़बारों में दिख जाती थीं

सच भी था!
बारिश वक़्त के साथ कम हो गई थी
जैसे आपस में लोगों का मिलना-जुलना कम हो गया था

काले रंग का वह दरवाज़ा
जिस पर हर साल दीवाली में अलकतरे की पुताई होती थी
स्मृतियों में बचा हुआ था,
बारिश के दिनों में
जिसके आगे कुर्सी लगाकर बैठे पिता की याद बाक़ी है

जब बारिश होती थी
पूरे हफ़्ते की झमाझम बारिश! जिसमें सब कुछ
गड्डमड्ड हो जाता था
दूर दिखते पहाड़ कई रोज़ बादलों में खो जाते थे

लोग टपकती खपरैल वाले घरों में रतजगे करते थे
और काँदो-कीच से सने पाँव लिये घर लौटते थे

छाता पूरे सावन-भादों देहरी-चौखट पर टिका रहता था

इलाक़े में लोग वैसी बारिश को याद करते थे इन दिनों
और अफ़सोस से भर जाते थे अपने खेतों को देखकर

मैंने कई गाँवों के कुएँ सूखते देखे थे
पिछले दो-तीन सालों में

मैं उन कुओं को देखने भी जाना चाहता था
जिसने कई पीढ़ियों की प्यास बुझाई थी और
क़िस्सों में बचे हुए थे

अब उनका क्या हुआ होगा?
क्या उन पर मकान बन गए होंगे?
दुकानें खुल गई होंगी?

परसों ही तो कह रहा था कोई बस में
कि हम कहाँ ज़्यादा बारिश चाहते हैं मौला!

बस खेत भरे रहें भादों में और धरती के गर्भ में इतना पानी,
बस इतना भर पानी कि
कंठ सूखे न रह जाएँ!

## ताड़ के हाथ पंखे

एक भीषण गर्मी के रोज़
मैं ताड़ के हाथ पंखों के लिए
हाट में निकला

उस साप्ताहिक हाट में
क़स्बाई जीवन के लायक़ सारे सामान थे
मैं कई सालों के बाद इन पंखों के लिए हाट में निकला था
मेरा कुर्ता भीग रहा था
हद थी, जो दुमका की सड़कों पर,
काँख में दबाए इन पंखों के
आवाज़ें भरते, गली कूचों में भी
अक्सरहा नज़र आते थे, नहीं दिखे

लगातार बिजली की कटौती वाले
इस क़स्बाई शहर में इस मौसम को कैसे झेल रहे हैं लोग
क्या उन्हें हवा नहीं चाहिए?

मैं बे-बात झुँझला रहा था
अगर कोई मुझसे इस समय मुँह लगता
तो यक़ीनन मैं उसकी ऐसी तैसी कर डालता

मुझे ताड़ के पंखे चाहिए
पंखे चाहिए मुझे ताड़ के

सुनिए, सुनिए, भाई साहब!
ताड़ के पंखे बेचती कोई स्त्री
कोई बच्चा दिखा आपको?

हाट से निकलकर
मैं इस छोटे से शहर की जिस भी दुकान के सामने से गुज़रा
वहाँ सामने टँगे दिखे प्लास्टिक के छोटे-छोटे हाथ पंखे

एक मारवाड़ी दुकानदार ने इन प्लास्टिक पंखों की
जिस तरह से वकालत की,
वह मुझे भयानक रूप से अश्लील लगी
मैं भीतर से चिल्लाया—सालो
प्लास्टिक खाओगे एक दिन!
और थक कर हाँफने लगा

आह! कितने समर्थ और अराजक तरीक़े से
प्लास्टिक हमारे जीवन में आ गया देखते-देखते!

ताड़ के असंख्य पेड़ हैं हमारे इलाक़े में
और कम आमदनी वाले तमाम शराबी!

क्या ताड़ के पेड़ इन्हीं के बदौलत बचे हैं?

आपने ग़ौर किया है,
ताड़ के पंखे कितने हल्के होते हैं और कितने सस्ते!

हवा और पत्ता!
इस तरह से देखिए तो इन चीज़ों के प्रति
एक रागात्मक भाव मन में पैदा होगा

मैंने तो बचपन में ताड़ के पंखों पर
रंगों की नक़्क़ाशी देखी है, वह स्मृति अद्‌भुत है!

आज ताड़ के पंखों के लिए
भटकने के अपने अनुभव से मैं हैरान हूँ
एक भय की अनुभूति से भरा हूँ
कि मेरा यह प्यारा शहर मेरे सामने ही कितना बदल गया!

मेरे पूर्वजों ने
जिन्होंने ताड़ के हज़ारों पेड़ लगाए
क्या सोचा होगा कभी
कि एक दिन उन्हीं का ख़ून
इधर-उधर भटकेगा
वह भी ताड़ के पंखों के लिए!!

## ग़रीब रिश्तेदार

ग़रीब रिश्तेदारों के ताज़ा हाल हमारे पास नहीं होते
उनका ज़िक्र हमारी बातचीत में नहीं आता
हम हमेशा जल्दी में होते हैं
और हमारी गाड़ियाँ उनके दरवाज़े से सीधी गुज़र जाती हैं

एक दिन फ़ोन आता है मौसेरे भाई का
पता चलता है कि मौसी गुज़र गई
साल भर से बीमार चल रही थी
वह कहता है—दुमका में सभी डॉक्टरों को दिखाया
और सरकारी अस्पतालों का हाल तो आप जानते ही हो भैया
वह बिना पूछे ही बोले जा रहा है
अगले गुरुवार को श्राद्ध कर्म है, आ जाना भैया!

एक दिन वह लेकर चले आते हैं
विवाह का आमंत्रण कार्ड
तब हमें पता चलता है कि
जिस लड़के को देखे ग्यारह साल हो गए थे
अगले माह की सात तारीख़ को
उसका ही विवाह है
वे बड़े भोलेपन से कहते हैं—
कमाने लगा है अपना परिवार अब सँभाल लेगा

एक दोस्त को जानता हूँ

वह अपने शहर के सब्ज़ी बाज़ार नहीं जाता
उसके बड़े भाई का साला
सब्ज़ी बेचता दिख जाता है
उसे लाज बहुत आती है

अशोक राजपथ से किताबें ख़रीदकर स्टेशन लौटते हुए,
दिखे दूर के एक रिश्तेदार
मामा यहाँ,पटना में कैसे, पूछता हूँ
बदहवासी में वह कह रहे थे :
ऑटो पलट गया था
पैर टूट गया है बेटे का
पीएमसीएच में भर्ती है
अच्छा है तुम मिल गए बेटा!
मैं यहाँ किसी को नहीं जानता
अच्छा हुआ तुम मिल गए!

मामा, मैं भी किसी को नहीं जानता पटना में
हमारा रेल में रिज़र्वेशन है, नहीं तो देखने आता
भगवान पर भरोसा रखिए, सब ठीक हो जाएगा
कहता हुआ पिंड छुड़ाता निकल लेता हूँ वहाँ से

हम उनके किसी दुख में शामिल नहीं होना चाहते
उनकी पीड़ा से हमारा दिल ज़्यादा पसीजता नहीं
हमें लगता है कि वह हमसे पैसे माँगेंगे
बेकार ही वक़्त जाया करेंगे हमारा
हमारी संवेदना में कोई पत्ता उनके लिए
बस कुछ ही देर के लिए हिल पाता है

ग़रीब रिश्तेदारों के यहाँ जाओ तो
अपने आँचल से पोंछकर कुर्सी या मोढ़ा

आगे करती है एक स्त्री
और पूछती है पूरे घर का हाल
ख़ूब सारा दूध की मीठी हो गई चाय आगे करती है
और पूरा घर उत्सुकता से चेहरा तकता रहता है हमारा

वे कहते हैं कभी-कभार आ जाया करो
अब कहने को अपने लोग बचे ही कितने हैं!
यह खीरा और भिंडी लेते जाओ
अपनी ही बाड़ी के हैं
इस बार आम बहुत आए हैं
पकने पर हम लेकर आएँगे माँ को बोल देना
वापसी में एक झोला तरकारियों से भरा
हमें पकड़ाते हुए वे कितने विह्वल दिखते हैं

बिजली के तार झूलते रहते हैं
ग़रीब रिश्तेदारों के कच्चे-पक्के घरों में
उनके बच्चों की हमें ख़बर नहीं होती
वे कब के चले गए हैं दिल्ली पंजाब कमाने
उनके बच्चे सरकारी स्कूलों में पढ़ते हैं
सरकार के मध्याह्न भोजन के साथ

वे दलालों से मिलते हैं और घिघियाते रहते हैं
वृद्धा पेंशन और आवास योजना के लिए!

वह हमारा ज़िक्र करते हैं बहुत उत्साह से
कि हमारा बड़ा मकान है शहर में
और हम सब सरकारी नौकरियों में हैं

और हमारे मोबाइल फ़ोन में
उनका नम्बर तक नहीं होता!

## छूटता हुआ घर

घर छूटता जाता था रोज़
उसकी असंख्य छवियाँ पीछा करती थीं
एक यात्री बनकर गाँव के स्टेशन से
गुज़रना भावुक कर देता था

पलाश के जंगल बुलाते थे
ताड़-खजूर के अनगिनत पेड़
बेर की झाड़ियाँ
पहाड़ दूर तक आँखों में फैले हुए कुछ कहते थे

एक आदिवासी दोस्त था स्कूल के दिनों का
पहाड़ के नीचे रहता था
बरसों से उससे मिला नहीं

पता नहीं,
अब फिर इन सबों के पास कब जाना होगा!

लगातार अनसुना करने का स्वाँग भरते हुए
हम सब एक दिन छोड़ ही देते हैं
अपनी मिट्टी और वह जगह जहाँ हमारा जन्म हुआ

ज़रूरतें हमें कहीं और ले जाती हैं

सम्पन्नता से भरा लेकिन एकाकी जीवन
आता है हमारे पास

रेल से गुज़रते हुए गाँव की वह नदियाँ दिखती हैं
रेत और पानी के अपने वैभव से ख़ाली और उदास
इन्हीं नदियों का पानी आता था घर
पीतल की कलशियों में

नदी का पानी याद आता है
तो काँसे और पीतल के पुराने बर्तनों की याद हो आती है
जो अब घर के किसी अँधेरे कोने या छज्जे पड़े हैं उदास
जिनके इस्तेमाल की एक स्मृति भर है

थोड़े बहुत अन्तराल पर
उन पर से धूल हटाते हुए
हम बचाते हैं अपने पुरखों की स्मृतियाँ

फिर अपने आँसू छिपाते
लौटते रहते हैं जीवन यात्रा में
छोड़े हुए घर को याद करते हुए

## चला गया आदमी

बस में उसने एक बुज़ुर्ग को उठकर जगह दी थी
सड़क दुर्घटना में घायल हुए
एक रिक्शा चालक के इलाज के लिए चन्दा किया था
आज वह दृश्य याद आ रहा है

एक बार सब्ज़ियों की हाट में उसने
अच्छे प्याज़ छाँटने में मेरी मदद की थी
इससे ज़्यादा का कोई वास्ता नहीं रहा मेरा उससे

जब तीन साल पहले वह अचानक ग़ायब हुआ क़स्बे से
तो भाइयों को चिन्ता हुई कि कहाँ गया!
दो साल के बाद उसे मरा मान लिया गया
और इस तरह उसके भाइयों ने उसके बिना जीना शुरू किया
एक भाई की स्त्री इस अनुमान से ख़ुश थी और ख़ूब ख़ुश रहती थी

एक रोज़ पूस की भोर में लौटा वह औचक पहली गाड़ी से
और सुबह आठ बजते न बजते
तेरह सौ रुपये चुकता कर आया उस मारवाड़ी दुकानदार का
जो पैसे डूब जाने की नाउम्मीदी में
हवा में गालियाँ देता-देता एक रोज़ चुप हो गया था!

वह जो कपड़े लेकर आया था भाइयों के बच्चों के लिए
सही नाप के नहीं निकले!

आज शाम की रेल से चला गया वह वापस
भाइयों ने उसे रोका नहीं
और कोई उसे रोकता भी क्यों
जब उसे मरा मान लिया गया था

## ये रास्ते

इन रास्तों पर तुम्हारे पैरों के निशान हैं
कई मौसम गुज़रे हैं और वे बारिशें

निशान धुलते नहीं हैं!

इस शहर में जब भी आया
देखा, ये रास्ते हमारी स्मृतियों में
अब तक बचे हुए हैं

# एक रोज़

जिस जगह को हम
हृदय की अतल गहराइयों
से प्यार करते रहे...

एक गहरी कचोट
और डूबते दिल के साथ
छोड़ देनी होती है एक रोज़!

## बारिश की आवाज़ें

बूँदों की टप-टप से मेरी नींद खुली है
टीन की नई छत पर हो रही है बारिश
भोर का उजास अब फैलने को है

मैंने पत्नी को जगाया ख़ुशी से चिल्लाकर
देखो—बारिश शुरू हो गई है, उठो!

भागा बेटे के कमरे में
झिंझोड़ दिया उसे नींद में—
देखो, बारिश शुरू हो गई है उठो जल्दी!

मैं आह्लाद से भरा था
मैंने खिड़की से बाहर अपनी हथेलियाँ बाहर फैलाईं
बूँदें मन के भीतर जा रही थीं
मैंने घर की सारी खिड़कियाँ खोल दीं पुलक में भरकर
हो रही बारिश को घर के हर कोने से मैं देखना चाहता था

आम के नये पत्ते पहली ही बारिश में नहा कर
ऐसे लग रहे थे मानो नई दुल्हन ने
सुबह ही अपना चेहरा धो लिया हो

हल्के उजास में हो रही बारिश का सुख आपको कैसे बताऊँ!

मैं तो घर से निकल कर आसपास के घरों के दरवाज़े खटखटाना चाहता था
उन्हें यह बारिश दिखलाना चाहता था जिसके इन्तज़ार में सब थे!

अचानक दिखी मुझे काले बन्दरों की पूरी टोली
अठखेलियाँ करती मुँह अँधेरे में
जैसे वह हमारी ही तरह बारिश की प्रतीक्षा में थी

घर के अहाते में नारियल के दोनों पेड़
झूम रहे थे भीगते हुए
जैसे कह रहे हों—आओ आओ ख़ूब इन्तज़ार कराया!

इस तपते संसार में आषाढ़ की यह पहली बारिश है—
बहु प्रतीक्षित!

क्या आपके घर में टीन की कोई छत है?

उस पर गिरती बारिश की आवाज़ें सुनिए
वह इस दुनिया की सबसे सुन्दर प्राकृतिक ध्वनियों में से एक है
पृथ्वी आकाश के प्रेम और हमारी प्रतीक्षा के संयोग से बनी!

# बुज़ुर्ग डाकिये से भेंट

ऐसी तेज़ होती बारिश में
तक़रीबन पच्चीस सालों के बाद वे मिलेंगे
यह हैरत होती है सोच कर!

वे मिले मुझे एक दवाई की दुकान पर
बारिश की बौछारों से बचते हुए

बरसों देखे गए उस चेहरे को
भूलना असम्भव था!

आप यहाँ कैसे?
रोमांच से और थोड़े संकोच से
भरते हुए मैंने पूछा

बहुत मोटे चश्मे के शीशे के भीतर से झाँकते हुए
उन्होंने मुझे ताका
और एकाएक आ गई मुस्कान के बीच
कहा कि पहचान में अब दिक़्क़त होती है
आप विनय हैं न नोनीहाट वाले?

पहचान लेने की ख़ुशी
उनके चेहरे पर पसर गई थी

अपने कपड़े का झोला सँभालकर
कन्धे पर चढ़ाते हुए
उन्होंने मेरे दोनों हाथ थाम लिये

यहाँ डॉक्टर को दिखाने आए थे
साँस बहुत फूलती है अब
क्या आप यहीं रहते हैं गोड्डा में?

अपनी रौ में बोले जा रहे थे
अपनी जात का डॉक्टर है
पर रहम नहीं है ज़रा भी
ग़रीबों से भी पूरी फ़ीस लेते हैं

हाँ अब ऐसा ही है, मैंने कहा—
अधिकांश डॉक्टर अब किसी को नहीं पहचानते!

फिर मन में कहा
वे सिर्फ़ अब पूँजी को ठीक से पहचानते हैं
मनुष्य को नहीं पहचानते!
और अब तो दवा कम्पनियाँ ही उनकी रिश्तेदार हैं!

फिर उन्होंने इस शहर तक पहुँचने की
तकलीफ़ों का ज़िक्र किया

वह कुछ-कुछ बोले जा रहे थे
जैसे कुछ बुज़ुर्ग अनवरत बोलते जाते हैं
इस बीच पास खड़े उनके बेटे ने कहा कि
दोपहर की दवाइयाँ खा लीजिए
समय हो गया है

मैं अपने इलाक़े के उस
डाकिये को याद कर रहा था
जो उस समय तक़रीबन चालीस-पैंतालीस का रहा होगा

प्राय: रोज़ ही आते थे मेरी डाक लेकर
सुस्ताते थे हमारी बैठक में
माँ उन्हें चाय पानी के लिए पूछती थी

अचानक उन्होंने मेरे परिवार के बारे में पूछा
और कहा कि कितने बच्चे हैं आपके
वे कहाँ पढ़ते हैं
माँ कैसी है

मैंने जब कहा कि माँ अब नहीं रही
उनको गए आठ साल हो गए!

आह! बोलते हुए दुख की कौंध
उनके चेहरे पर फैल गई
उन्होंने आकाश की ओर हाथ जोड़ते हुए
मृत आत्मा को याद किया

फिर कहा कि नोनीहाट की पोस्टिंग अच्छी थी
अच्छे लोग मिले वहाँ
आपका घर हमें कभी दूसरे का घर नहीं लगा

एक बार अपने गाँव की
आख़िरी बस छूट जाने के बाद
मेरे घर उन्होंने रात गुज़ारी थी
इस प्रसंग को थोड़े भरे स्वर में उन्होंने दो बार दुहराया

हमें इस बात का पता नहीं था

अपने रिटायरमेंट के बाद
अपने गाँव की पैतृक ज़मीन पर
आम के डेढ़ सौ पौधों का एक बगीचा
उन्होंने लगाया था
यह बताते हुए बेहद ख़ुश दिखे वे

मेहनत करनी पड़ती है विनय बाबू
लेकिन ढाई-तीन लाख सालाना
आ जाते हैं आम से

कितनी तरलता आश्वस्ति और सन्तोष दिखा
अपने उस आम के बगीचे के लिए
उनकी आँखें कह रही थीं कि
उन्होंने बड़ा काम कर दिया है
अगली कई पीढ़ियों के लिए!

फिर एक बेटे का ज़िक्र किया
जो बीएसएफ में सिपाही है
बस उसी की चिन्ता लगी रहती है
गहरी साँस भरते हुए कह रहे थे
समय अब पहले की तरह नहीं रहा
अब वह बहुत ख़राब होता जा रहा है

और यह छोटा वाला
यहीं गाँव में दुकानदारी करता है
सब अच्छा चल रहा है विनय बाबू
कोई दिक़्क़त नहीं है
वे सजल हो रहे थे

हल्के काँपते हुए दोनों हाथ उन्होंने
मेरे कन्धे पर रखे और
भावुक होते हुए कहा कि कभी आइए
हमारे घर आम के दिनों में

एकाएक दवाई दुकानदार से
मुख़ातिब होकर कहने लगे—
ये नोनीहाट के हैं
हम पहले नोनीहाट में ही नौकरी करते थे
ये कवि लेखक हैं!

यह सब सुनकर मैं झेंप रहा था
और दुकानदार का चेहरा अच्छा-अच्छा कहते हुए
हल्की मुस्कराहट से भरा था

इस समय मैं किसी और मनोदशा में था
उनकी बातें सुनते हुए
एक कोलाज़ का बनना शुरू हो गया था
जैसे मेरे भीतर!
जैसे आधे-पौन घंटे की फ़िल्म चल रही थी
और मैं उसके भीतर था

उनके झुर्रियों से भर रहे
इन्हीं हाथों ने
हज़ारों चिट्ठियाँ-पत्रिकाएँ-किताबें-मनीऑर्डर
मेरे घर पहुँचाए थे कभी!

अब तो कोई चिट्ठी नहीं आती!

इलाक़े का डाकिया कौन है
बरसों से नहीं जान पाया!

हमने बारिश के बीच
एक छोटी सी झोंपड़ी में साथ चाय पी
उन्होंने अपनी नौकरी के दिनों
और नोनीहाट के बहुत से लोगों को याद किया
और भर आई आँखों को
बार-बार पोंछते रहे

चाय पीते हुए उन्होंने फिर कहा कि
आम के मौसम में आपका इन्तज़ार रहेगा!
मुझे लगा कि आम का बगीचा
उनका स्वप्न था
जिसे वे सबके साथ बाँटना चाहते थे

बारिश थम रही थी
उन्होंने मेरे हाथों पर अपना हाथ रखा
और जाने की इजाज़त चाही

स्टार्ट होती मोटरसाइकिल के
पीछे सँभल कर बैठते हुए
आदतन उन्होंने नमस्कार किया

बारिश की हल्की होती बूँदों के बीच
मैंने नज़रों से ओझल होते देखा
अपने प्यारे डाकिया शंकर साह को!

# रात

घड़ी की टिक-टिक सुनाई पड़ रही है
और एक नल जो ठीक से बन्द नहीं हुआ है
माँ के लगातार खाँसने की आवाज़ें हैं
बहनें इस घर से विदा ले चुकी हैं
बड़ा भाई आज की रात किसी दूसरे शहर में है

महेंद्र, मेरे बचपन का दोस्त जो
अपने पिता की अप्रत्याशित मृत्यु के बाद
बचपन से ही सब्ज़ियों के कारोबार में लगा था
अपने पिता की उम्र में ही दो महीने पहले मरा दर्दनाक तरीक़े से

एक गोरखा गुज़रा है सीटी बजाता हुआ गली से
पिता की तस्वीर पर जमी धूल सुबह पोंछूँगा
एक बंगाली मित्र की याद आ रही है
कब उसे उधार लेने की आदत पड़ गई, पता नहीं!
अब वह मुख्य रास्ते से कहीं नहीं आता-जाता

जिन हरे-भरे पहाड़ों के नीचे हमने साल का पहला दिन गुज़ारा
बदरंग और अजीब शक्लों का बना दिया उसे पहाड़चोरों ने

माँ की खाँसी थम नहीं रही है
रात एक पैंतालीस की हुई है

## पराभव

वह एक घर है
ख़ुशहाल से दिखते कई घरों के बीच अब दुबका हुआ!

वह कौन था
जो अन्तिम बार निकल कर चला गया यहाँ से!

कई सालों से उस बन्द घर का ताला नहीं खुला
कई सालों तक बारिश उस घर पर गिरी है बेआवाज़
लम्बा वक़्त गुज़रा है
कोई पता पूछता नहीं आया है यहाँ तक

कभी लगा ही रहता था लोगों का ताँता
घर की ड्योढ़ी पर
मिलने के इन्तज़ार में बैठे रहते थे लोग

उस घर की कहानियाँ
आज भी कहते हैं क़स्बे के बड़े बुज़ुर्ग

कहाँ चले गए वक़्त के साथ उनके मालिकान?
अब तो ठीक-ठीक कोई यह भी बताने वाला नहीं,
जिसकी चौखट की क़समें खाते थे लोग!
और अब कौन पूछे दीमकों से उनका पता!

ताक़त कहाँ चली जाती है एक रोज़!
कैसे मिट जाते हैं रसूख़दारों के निशान!
धीरे-धीरे घर का अहाता गिरता जाता है
कोई कहता है घर के पीछे वाला हिस्सा तो कब का ढह गया!

घर के आँगन में जन्मता है पीपल
और उसकी शाखें बाहर दुनिया को दिखती हैं
ऐसे ही चुपचाप होती जाती है ख़त्म
किसी ताक़तवर की दुनिया!

## कभी

उस दरवाज़े की भी
एक कहानी है

एक हँसता हुआ घर
रहता था कभी इसके भीतर!

# अन्त के बाद

जिस रोज़ मैं मरा
वह तारों भरी रात थी
कई दिनों की लगातार बारिश के बाद
उस रात आसमान खुला था

लिहाज़ा बच्चों ने संकोचवश
पड़ोसियों को उठाया नहीं
कुछ रोना-धोना हुआ एकदम सुबह

मेरा सबसे छोटा लड़का गया
सबसे पहले लकड़ियों के इन्तज़ाम में

बड़े के पास रिश्तेदारों को
ख़बर करने की ज़िम्मेदारी थी
फ़ोटोग्राफ़र को बुलाना था

लोबान-गुगुल-अगरबत्ती और मृतक के कपड़ों के
सरंजाम में मेरा वह दोस्त दुखी दिखता हुआ
पूरे हौसले से जुटा रहा
जिसके पास मेरे नौ सौ पचास रुपये बकाया थे

चौबीस लोग जुटे थे शवयात्रा में

मुझे ख़ुशी हुई
यह जुटान उम्मीद से ज़्यादा थी

अचानक मरा और शान्ति से
ऐसी मौत सबको आए
थोड़ी-थोड़ी देर पर कहा यह कइयों ने
ग़ैर ज़रूरी लगने की हद तक!

भला आदमी था
कभी किसी से ऊँचा बोलते हुए हमने नहीं देखा

आह! बेचारा!
अभी कितना कुछ करना था इसे!!

मृतकों के बारे में
यह आम और सर्वस्वीकृत राय है

मैं संकोच में पड़ा था
और अच्छा हुआ कि किसी ने
उन प्रसंगों की चर्चा नहीं की

ईश्वर को मैंने उन सबों के
विवेक के लिए धन्यवाद दिया

दसवीं कक्षा में शराब चखने
कॉलेज की लाइब्रेरी से पुस्तकें चुराने
और किशोरावस्था में अपनी उम्र से
चौदह वर्ष बड़ी स्त्री के प्रेम में पड़ने के
अतीत को उन्होंने नज़रअन्दाज़ किया

कई और परदे थे
जिनके उठने पर मेरी परेशानी बढ़ती
पर मृतक की आलोचना की परम्परा
हमारे देश में नहीं है
—कितनी अच्छी बात है!

बहरहाल वे शवयात्रा से लौटे
स्नान किया
फिर तारों भरी रात थी
वे छत पर चले आए पत्नी-बच्चों के साथ

इस तरह से ख़त्म हुआ
दुनिया में एक दिन!

## अगर मैं परदेश में मरा

[नाजिम हिकमत की एक कविता 'मेरा जनाजा' से प्रेरित]

मुझे यक़ीन है
किसी रोज़ गहरी आकस्मिकता के साथ
यह देह छूट जाएगी

दिन जब ऊपर को आ चुका होगा
पड़ोसियों को बहुत देर के बाद
मिलेंगे संकेत

तब तक बच्चे स्कूल
और कामगार अपने काम को जा चुके होंगे,
घरेलू स्त्रियाँ रसोई की खटपट में जुटी होंगी

रोशनदान से कोई फुर्तीला आदमी भीतर आएगा
और खोलेगा सामने का दरवाज़ा

अगर मैं परदेश में मरा तो
निश्चित ही थोड़ी दिक़्क़त आ सकती है

पड़ोसी मेरे स्थायी पते के लिए परेशान होंगे,
वे शहर में मेरे किसी भी परिचय का हर सम्भव चिह्न ढूँढ़ेंगे

मुरदे को बहुत देर तक
यूँ ही नहीं छोड़ा जा सकता!
वे एक परदेशी के वास्ते ज़रूरी औपचारिकता
और अपना धर्म निभाएँगे ही

बच्चों में मृतकों को लेकर थोड़ा कौतूहल होता ही है
वे मेरी शवयात्रा को औचक नज़रों से देखेंगे,
जिसमें यक़ीनन गिनती के लोग होंगे!

वह एक कवि की शवयात्रा नहीं होगी!!

यह स्वीकार कर लेने में क्या हर्ज है कि
उस शवयात्रा में एक मुरदे को श्मशान तक
पहुँचाने की हड़बड़ी में सभी लोग भरे होंगे!

हालाँकि—
मृत्यु के बारे में कुछ निश्चित नहीं है
और आत्मा के बारे में ठीक-ठीक कुछ भी
कहना कठिन जैसा है

आत्मा अगर है तो—
वह मेरी शवयात्रा को जाता हुआ देखेगी
अगर वह हँसती है तो—
आशंका है कि वह मृत्यु के बाद की
मेरी नियति पर हँसेगी!

कहेगी ही—
कि परदेश में भी मरे
और अन्त तक कविता के कोई मित्र नहीं बना सके!

# एक याद!

बरसों बाद हम लौटते हैं
किसी पुरानी जगह पर

एक याद मिलती है
जगह खो जाती है!

## महानगर में बुज़ुर्ग

पौष-माघ के महीने में देर तक धूप, अलाव तापते
गाँवों के बुज़ुर्गों की स्मृतियाँ हैं।

कंक्रीट के इस जंगल में भी होंगे बुज़ुर्ग!

महानगरों के अपार्टमेंटों में क़ैद
घर की बालकनी में उदास उपेक्षित
कहीं दूर देखते हुए
वे दिखते हैं संसार से निर्लिप्त!

उनके जीवन में भी अलाव और बोरसियों के दिन होंगे
जिन्हें वे छोड़ आए गाँवों में, पुरानी जगहों में
उन्हें अब रहना है जीवन के बाक़ी दिनों में अपनी सन्तानों के साथ

वे ताकते रहते हैं दिनभर छत के नीचे
कॉलोनियों के साफ़-सुथरे रास्तों को, जो व्यवस्थित हैं
और वे उन्हें और अकेला बना डालते हैं

वे ऊब जाते हैं बैठे-सोते!
धूप जब बालकनी से हटती है और छत पर होती है
वे पुराने दिनों को याद करते हैं
अपनी नौकरी के दिनों को
खेती-किसानी के दिनों को

दिवंगत दोस्तों-रिश्तेदारों को
कुछ अपनों को, जो पता नहीं अब कहाँ होंगे!

जीवन की सुविधाएँ उन्हें अब लुभातीं नहीं
उन्हें अब वह पुराना घर ही याद आता है
वह चाहे जैसा भी था—
वहाँ चार लोगों की आमद तो थी!

चाहते हैं कोई उनसे उनके बारे में बात करे
कोई उन्हें सहगल या हेमंत के गीत सुना दे
उनका स्मार्ट फ़ोन उनके पास में पड़ा होता है
जो उनके बच्चे उन्हें देकर किसी
मल्टीनेशनल की चाकरी में गए हुए हैं
जिसमें उनकी दिलचस्पी अब ख़त्म हो गई दिखती है।

# अथ शास्त्री कथा

एक मेट्रोटाउन के पॉश इलाक़े में रहते थे
सेवानिवृत्त रामावतार शास्त्री,
विधुर थे लम्बे समय से

तीन-तीन सफल पुत्रों के पिता थे रामावतार शास्त्री
एक ही बिटिया रही
दामाद ले गया विदेश

एक बेटा मायानगरी को चला गया आठेक वर्ष हुए!
सुनते थे शास्त्री कि मुम्बई में पहचाना जाता है
वह अब अपने नाम से

और दूसरा बसा अमेरिका में
तीसरा सऊदी अरबिया में!

ज्योतिष की भाषा में कहो तो
सभी बच्चों में विदेश प्रवास के योग थे!

बेहद सफल बच्चों के सौभाग्यशाली पिता
ठहरे रामावतार शास्त्री!

रामावतार शास्त्री के पास एक अच्छा नौकर था चौबीस घंटे का।

नहीं!
नौकर ने उन्हें नहीं मारा!

पचासी वर्षीय रामावतार शास्त्री
एक रोज़ अपने अपार्टमेंट की बालकनी से
कूदकर मर गए

दिवंगत पत्नी की कुछ तस्वीरें बिखरी थीं
उनकी मृत देह के पास

पुलिस ने अपनों का लम्बा इन्तज़ार किया
सब दोगले हैं साले!
...कहते हुए रामावतार शास्त्री का अन्तिम संस्कार किया!

तीन-तीन सफल पुत्रों के
सौभाग्यशाली पिता थे दिवंगत रामावतार शास्त्री।

# महामारी में मन्दिर

मन्दिर के पास की दुकानों के मालिक
इन दिनों अधलेटे अन्यमनस्क से दिखते हैं।
शटर थोड़े उठे हुए खुले-बन्द होने का भ्रम पैदा करते!
ईश्वर इनके पास कहीं नहीं है।
चीज़ें पुरानी होते जाने का भय है मन में।
दुकान को झाड़ते-पोंछते क्षुब्ध मनोदशा में भक्तों की राह देखते हैं।
मन्दिर के अहाते में गिरे हैं सूखे हुए पत्ते।
ईश्वर भी इन दिनों कितना अकेला पड़ गया है!
एक संतरी ऊँघता रहता है गेट पर कुर्सी लगाए।
महामारी कब नहीं आई!
वह तो आती ही रहती है भेष बदलकर!
मन्दिर का पुजारी भावशून्य दिखता है त्रिपुंड लगाए।
प्रशासन सरकार सबकी मत मारी गई है
ईश्वर की नाराज़गी मोल ले रहे ये लोग
भुगतेंगे साले सब के सब—खीजता हुआ दुहराता रहता है।
प्रांगण सुनसान पड़ा है। बजा जाता है कोई आँगन में लगी घंटियाँ।
सन्नाटे की गूँज बाहर फैलती है।
गिरे पत्तों को मुँह अँधेरे बुहारती दिखती हैं दो स्त्रियाँ।
ताले लगे मुख्य द्वार पर रोज़ साँझ आती है दिया बारने
एक स्त्री अपने बच्चे को साथ लिये!

## इसराइल

बहुत अरसे से मौन और
उदास हो गए हैं इसराइल
बहुत अरसे से हँसे नहीं
बहुत अरसे से गाँव से बाहर नहीं निकले

बहुत अरसे से मस्जिद नहीं गए
अरसे से न रोज़ा न नमाज़!
अरसा हुआ ताज़िए को कन्धा नहीं दिया
जलसे मिलाद में नहीं दिखे!

दुनिया-रिश्ते और गाँव की हवा बदल गई
पर नहीं बदले इसराइल
मानो देवघर के मौनी बाबा हुए!

ज़ंग खा रही है सिलाई मशीन और
ओसारे में बैठे रहते हैं इसराइल
दरवाज़े की हर आहट में पूछते हैं—
—कौन जफ़र रे!

कब तक राह देखेंगे इसराइल?
शहर को गई सड़क अब गाँव नहीं लौटती!

अब इतने ही कमज़ोर थे मियाँ!
—तो क्यों मारा था
एक सिगरेट पीने के वास्ते इतनी
बेरहमी से लड़के को!

## राजेन्दर, मेरा पड़ोसी!

उसकी हैसियत बेहद सस्ती शराब का साथ निभाने की थी
दुनियादारी से उठा था
धीरे-धीरे ही उसका भी विश्वास!

उसे एक झूठे मुक़दमे में फँसाया गया पिछले महीने!
हम भले आदमी थे
एक शराबी के मामले में क्यूँ पड़ते!

महीने-भर की सज़ा काट कर आज लौट आया है राजेन्दर
फिर वैसे ही गया है गुमसुम भट्ठी की तरफ़

# बख़्तियारपुर

एक दिन हम पिता की लम्बी बीमारी से हार गए
हम सलाहों के आधार पर उन्हें दिल्ली ले जाने की सोचने लगे
दिल्ली में हर मर्ज़ का इलाज़ है
मरणासन्न गए हीरा बाबू दिल्ली से लौट आए गाँव!

दिल्ली में कवि कैसे होते हैं!
कौन से एकान्त में लिखते हैं कविताएँ!
कैसे हो जाते हैं दिल्ली के कवि जल्दी चर्चित!
मैं दिल्ली में शाम कॉफ़ी हाउस जाना चाहूँगा
मिल-बैठकर बातें करते हुए, सुना है, दिख जाते हैं
रंगकर्मी कवि और साहित्यकार

देश समस्याओं से भरा पड़ा है!
कहाँ कवियों-कलाकारों को मिल पाती होगी इतनी फ़ुर्सत?
—पिता मेरी मंशा जानकर बोले

पिता शिक्षक थे
वे पूरी दुनिया के बारे में औसत जानते थे
कवियों के बारे में तो बहुत थोड़ा जानते थे

एक बार भागलपुर में दिनकर से एक कवि-सम्मेलन में कविता सुनी थी
इस बात का कोई ख़ास महत्त्व नहीं था उनके जीवन में

लेकिन बेगम अख़्तर की ग़ज़लों के बारे में वह बहुत कुछ बता सकते थे
पिता के जीवन में एक साध रही कि वे बेगम अख़्तर से मिलते!

पिता दिल्ली की यात्रा में अड़ गए अचानक!
बच्चों की सी ज़िद में बोले—बख़्तियारपुर आए तो बता देना

माँ की स्मृति बहुत साफ़ नहीं थी
उसने शून्य में आँखें टिकाए हुए कहा कि
पिता की पहली पोस्टिंग सम्भवत: बख़्तियारपुर थी

हमें इस बात का पता नहीं था
सच तो यह भी है मित्रों कि पिता की ज़िन्दगी के
बहुत से ज़रूरी हिस्सों के बारे में हम अनजान थे
अभी महानगर की ओर भागती इस ज़िन्दगी की ज़रूरत में
पिता की स्मृतियाँ चालीस वर्ष पुरानी चौखटें लाँघ रही थीं!

पिता दिल्ली की इस यात्रा में कहीं नहीं थे!
थोड़ी देर के बाद अकबकाये हुए से बोले—
मुझे खिसकाकर खिड़की के पास कर दो
रामाधार महतो की चाय पिऊँगा
फिर उन्होंने अपने स्कूल के बारे में बताया
जो कभी प्लेटफ़ार्म के किनारे से दिखता होगा

पिता की आँखें उस समय बच्चों की शरारती आँखों की
भाँति नाच रही थीं
ऐसे में माँ किसी अनिष्ट की आशंका में रोने लगी
एकाएक उन्होंने संकेत से समय पूछा और
पूरे विश्वास से कहा कि बच्चे अभी स्कूल से छूट रहे होंगे

पिता नींद में जा रहे थे
और बख़्तियारपुर आने वाला था

एक चाय बेचते लड़के से मैंने रामाधार महतो के बारे में पूछा
लड़का चुप था
वह स्कूल के बारे में भी कुछ नहीं बता सका
उसने स्कूल के बारे में कोई रुचि नहीं दिखाई

हम आश्चर्य में भरे पड़े थे
पिता की नींद महीनों के बाद लौटी थी
यह उनके स्वास्थ्य के लिए अच्छा था
हम नहीं चाहते थे कि उनकी नींद पर पानी पड़े!

बख़्तियारपुर गुज़र गया था और इसे लेकर
हम एक अनजाने अपराधबोध और संकोच से गिर गए थे

लेकिन इस समय हम पिता की नींद की सुरक्षा
के बारे में सोच रहे थे और इसके ख़राब हो जाने के प्रति चिन्तित थे
एक बार उनकी आँखें आधी रात को झपकीं
उन्होंने अस्फुट स्वर में कहा कि बख़्तियारपुर आए तो बता देना
उन्होंने नींद में ही स्कूल बच्चे रामाधार महतो की चाय जैसा कुछ कहा

हम सब सहम गए
हमारी विवशता का यह दुर्लभ रूप था
उनकी नींद की बात की जिज्ञासाओं को लेकर हम
किंकर्तव्यविमूढ़ता की स्थिति में थे

इस यात्रा में पिता कविता के बहुत ज़रूरी हिस्से को जी रहे थे
यह सिर्फ़ मैं समझ रहा था
यह तय था—

बख़्तियारपुर पिता की नींद में अभी सुन्दर सपने की तरह
गड्डमड्ड हो रहा होगा

लेकिन दोस्तो!
हम बख़्तियारपुर के किसी भी ज़िक्र से बचना चाहते थे
हम इस शब्द के एहसास से बचना चाहते थे!

## खाट

अब वैसी ऊँची नक़्क़ाशीदार खाट
तो आज किसी हाट में न मिलेगी

ढूँढ़ो-ढूँढ़ो जाकर नगरों के बाज़ार-बाज़ार
सच कहता हूँ—
कोई उसकी जोड़ी लगा दे तो ऊपर से पाँच हज़ार

कहते हैं धूप के रंग तक
बदले हैं अब
आँगन बदला
इस मकान के दरो-दीवार बदले
हवा तक बदली है हमारी आँखों में

पर जिसे सँभाल कर रखा गया तीन पीढ़ियों से
सौ से भी ज़्यादा बार जिसकी बदली गई रस्सी
और चूलें जिसकी ज़रा भी न हुईं कमज़ोर

और सात जन पूरे हुए इस आँगन से
मगर बची रही खाट!

एक बार की बात—
बस अब कि तब!
...कि खाट से उतार ली गई दादी

समझो, डोम के यहाँ जाने से बचा ली गई खाट!
खाट पर छूटेगी देह तो
खाट को भी ले जाएगा डोम श्मशान में

पर हाय!
किसी को भी न आया ध्यान
और पिता ऐसे भी निकल जाएँगे
खेत से लौटकर चुपके से...!!

खाट पर बैठकर सुस्ताया
पिया पातालगंगे का लोटा भर पानी
सीधा किये थकान से भरे दोनों गोड़

और...पता भी न हुआ हमें कि कब निकल गए
चुपचाप इस माया की नगरी से!

अब यह खाट दुमका के हिज़ला मेले में बिकेगी
या लकड़ी का कोई क़द्रदान इसे पहुँचा आएगा
दिल्ली कोलकाता के बाज़ार में

चीज़ों का सत्त जानता है अब डोम भी!

अब तो कोई हुनरमन्द बढ़ई
इस नक़्क़ाशीदार ऊँची खाट पर वार्निश की
बढ़िया चमक भरेगा

महीनों की मेहनत से बनाया है हुज़ूर
...यह झूठ गढ़ेगा!

यह झोलंगी खाट नहीं है कि
श्मशान में फेंक आएगा डोम!

## आभास

रेल चली गई है
उसमें समा कर वह आदमी भी चला गया
जिसके कन्धे पर सिर टिका कर
दो घंटे से सिसक रही थी वह

उसके रोने से पता चलता है
वह आदमी कई सालों के वास्ते चला गया!

# गंगेसर राम

वह कुर्सी गंगेसर राम ने बनाई थी!

गंगेसर राम हमारे गाँव का एक अनुभवी और भक्त बढ़ई था।
उस कुर्सी पर भगवान राम और सीता मैया के चित्र खुदे हैं।
उस कुर्सी में पृथ्वी-जल-वायु और अग्नि देवता
आशीर्वाद की मुद्रा में खड़े हैं।
कहते हैं हत्थे पर कृष्ण का चक्र भी था!

उस कुर्सी को गंगेसर राम ने ढाई साल की कड़ी मेहनत
और आध्यात्मिक लगन से बनाया था।
इस बात के गवाह मेरे पिता हाल तक रहे।

किसी गाँव की एक यात्रा में उस पर पटेल बैठे थे।
उस पर कई ऐसे लोग बैठे जिसे समय ने
अपनी किताब में बहुत गर्व से दर्ज किया।

लेकिन जनमानस में गंगेसर राम का अब कोई ज़िक्र नहीं आता!
उस वक़्त के किसी ज़िलाधिकारी के उस मुग्ध होने और
बख़्शीश के साथ उसे ख़रीद ले जाने की बात सुनी जाती है।

वह आज जहाँ भी पड़ी होगी, क्या गंगेसर वहाँ जीवित होगा,
उसके नाम का कोई उल्लेख भी आता होगा?

सोचता हूँ गंगेसर राम को
गहरी पीड़ा नहीं रही होगी?
उसके पूरे जीवन काल में जब किसी ने उसे
कलाकार नहीं कहा होगा!
सब उसे गंगेसरा कहते थे।

जूट के बोरे में रंदा बसुला हथौड़ी पेचकश पलाश
और दूसरे औज़ार लेकर वह जीवन भर घर-घर घूमता रहा
और उनके चौखट-दरवाज़े, चौकियाँ बनाता रहा

लोग कहते हैं घरवाली की आकस्मिक मृत्यु के बाद
उसने मन्दिर जाना और भजन गाना छोड़ दिया था
उसने दुख का एक अन्तहीन जीवन जिया

गंगेसर दसियों गाँवों में जाना जाने वाला
इस इलाक़े का एक अनुभवी और भक्त बढ़ई था
जो लम्बी बीमारी और अभाव में मरा

## मदारी

इधर तो मैंने देखा नहीं उन्हें
समझता हूँ आपके शहर में भी नहीं गए होंगे

बेहद एकाकी और अवसाद से भरे
वे दिख जाएँगे
लाल क़िले इंडिया गेट या ताज़ होटल
जैसी जगहों के आसपास

अब भीड़ नहीं घेरती उन्हें
जानवरों की उछल-कूद का रोमांच
अब बच्चों में भी हो गया है समाप्त

पहले वे शहर-दर-शहर भटकते थे
कोर्ट-कचहरी के पास अक्सर ही मिल जाते थे हमें

हमारे समय में उतार लिया झोला उनके कन्धे से
फटा जो होगा डमरू का चमड़ा
तो फिर चढ़ा ही नहीं हुआ दूसरा

क्या भालू बिदक कर चले गए जंगल
या सर्कस की नियति से बँध गए!

बन्दरों ने संकेत से कहा होगा
देख अक्सर मदारी को उदास
और कोई काम देखो भाई...
और रो पड़े होंगे मन ही मन

पीछे लौटते हुए याद में
बच्चों की भीड़ से कहा होगा : अलविदा

## कोठारी घर

बहुत थोड़े से अनाज रहते थे उसमें
कुछ पुरखों के समय से सँजोये काँसे-पीतल के बरतन
डालडा और अमूल के पुराने डिब्बे और माँ के
ब्याह के समय के फूलदान, अनाज के कनस्तर,
उपहार में मिला लोहे का नक़्क़ाशीदार बक्सा
और थोड़े कबाड़ जिनके मोह से हम
ताज़िन्दगी नहीं निकल पाते!

हम कोठारी घर कहते थे उसे
छुटपन से ही देवताओं की कुछ तस्वीरें भी
रखी देखीं हमने
इस तरह से वह पूजा घर भी था
पर हमने कोठारी घर ही कहा उसे

मैं चाहता हूँ—
हमारा बच्चा भी उसे
कोठारी घर ही कहे
माँ के कमरे को दादी का कमरा कहे!

वह कहीं भी रहे
नोनीहाट को अपना घर कहे!

## क्या हम सब एक अच्छे पड़ोसी हैं?

कुछ लोग हमारे पड़ोसी भी थे
और हम भी थे किसी के पड़ोसी
अब जाकर यह ख़याल आता है!

"पड़ोसियों को कह कर आए हैं
दो-चार दिन घर देख लेना"
यह वाक्य कहे-सुने अब एक अरसा हुआ है!

एक बच्चे को देखता हूँ पड़ोस में
दस-ग्यारह का होगा
पता चला सुकान्त का नाती है
सुकान्त से मुलाक़ात के बरसों हुए
इंटर में था जब शादी हुई थी उसकी
इस तरह उसका नाना हो जाना लाज़िम था
लेकिन मैं अफ़सोस में था कि
सुकान्त के जीवन के बारे में मुझे कितना कम पता था
जो हमारा पड़ोसी था और हमसे तीन क्लास आगे था स्कूल में

पड़ोसियों से उस रिश्ते को याद कीजिए
जब बनी हुई सब्ज़ियाँ और दाल तक आती थीं
एक-दूसरे घरों में

हथौड़ी कुदाल कुएँ से बाल्टी निकालने वाला
लोहे का काँटा, दतुवन, नमक, हल्दी, सलाई

एक दूसरे से ले-दे कर लोगों ने निभाया है
लम्बे समय तक पड़ोसी होने का धर्म

हालाँकि चीज़ों को दे देते हुए तब भी लोग कुढ़ते बहुत थे
जब कुछ ही दिनों में कोई एक ही चीज़
फिर-फिर माँगने आ धमकता था
यह भुनभुनाते हुए कि
"कंजूस है साला!
इतनी छोटी चीज़ ख़रीदने में जाने क्या जाता है!"

लेकिन वह रवायत थी और किसी
भरोसे से ही क़ायम रही होगी!

धीरे-धीरे लोगों ने समेटना कब शुरू कर दिया ख़ुद को,
यह ठीक-ठीक याद नहीं आता
अब इन चीज़ों के लिए कोई पड़ोसियों के पास नहीं जाता

याद में शादी-ब्याह का वह दौर भी कौतूहल से भर देता है
जब पड़ोसियों से ही नहीं पूरे गाँव से
कुर्सियाँ और लकड़ी की चौकियाँ तक
बारातियों के लिए जुटाई जाती थीं
और लोग सौंपते हुए कहते थे—
बस ज़रा एहतियात से ले जाइएगा!

बस अब इस नई जीवन शैली में
हमें पड़ोसियों के बारे में कुछ पता नहीं होता
कैसी है उनकी दिनचर्या और उनके बच्चे कहाँ पढ़ते हैं?
वह स्त्री जो बीमार-सी दिखती है, उसे हुआ क्या है?
किसके जीवन में क्या चल रहा है?
कौन कितनी मुश्किलों में है?

आमंत्रण कार्ड आने से पहले नहीं जान पाते कि
लड़की या लड़के की शादी कहाँ तय हुई?

अपार्टमेंट के किसी फ़्लैट में अकेली औरत मर जाती है
एक चर्चित कवि को हो जाता है ब्रेन हेमरेज
और देर से दुनिया को पता चलता है
मृत पाया जाता है कमरे में दुनिया भर की ख़बर देने वाला
अकेला रह रहा एक पत्रकार
रोज़ ही आती हैं आत्महत्या की ख़बरें अकेले रहते
किसी आदमी या औरत की!

ये सब किसी के पड़ोसी ही रहे होंगे!

हमने एक ऐसी दुनिया रची है
जिसमें ख़त्म होता जा रहा है हमारा पड़ोस
पार्टियाँ होती हैं—लोग आते हैं दोस्त आते हैं
पड़ोसी नहीं आते!
उनसे अब ज़्यादातर अबोला ही रहता है हमारा!

खिड़कियों से आधी रात आवाज़ देते ही
कोई अगर आज भी भागता हुआ आता है तो
यक़ीन करो वह एक शानदार मनुष्य है
और तुम भाग्यशाली हो कि वह तुम्हारे पड़ोस में है

और मन होता है, जाते-जाते पूछ ही लूँ कि
क्या हम सब एक अच्छे पड़ोसी हैं?

## कहाँ चल दिये हो अचानक!

[विनोद भैया की मृत्यु पर]

जूते पहिनकर कहाँ चल दिये हो अचानक
कहीं आसपास दिखते भी नहीं हो
फ़ोन भी नहीं किया है कहीं से
जूते पहिनकर कहाँ चल दिये हो अचानक!

दवाइयों का वक़्त तो ख़याल है न?
बहुत कम पानी पीना है, याद है ना?

खोला भी नहीं है अख़बार,
कई रोज़ से किसी ने
चीज़ें तुम्हारी सब अपनी जगह हैं
बस कई फ़ोन, आए हैं तुम्हारे
सबको कह दिया है—
फ़ोन छोड़कर जाने कहाँ चल दिये हो!

क्या ऐसी जगह मिली है
चाहते थे तुम जैसी?
क्या किताबों की दुनिया
आख़िर मिली तुम्हें वैसी?

जैसा छोड़कर गए हो यह घर
उससे बेहतर मिले तो रह जाना

नहीं तो—
जैसे आया है एक ख़रगोश घर अपने
दबे पाँव तुम भी गिलहरी बन के आना

हज़ारों किताबों की जगमग यह दुनिया
किसके भरोसे तुमने है छोड़ी?
बता कर तो जाते, बोलो, क्या हड़बड़ी थी!

जूते पहिनकर कहाँ चल दिये हो अचानक!

## सहपाठी

वह हमारा सहपाठी था
पर यह बात अब दूसरे सहपाठियों को शायद ही याद हो
नवीं के वे दिन थे जब उसने किसी महीने में स्कूल आना छोड़ दिया

उसके स्कूल छोड़ने को भी नोटिस नहीं किया गया
पिछली बेंच पर छुप-छुपा कर बैठते लजाते ग़रीब बच्चों की
सुध कौन लेता है सरकारी स्कूलों में?

उसके पिता थोड़ी सूखी शक्ल और हमेशा बढ़ी रहने वाली
खिचड़ी दाढ़ी लिये नोनीहाट के बस स्टॉप पर दिख जाते थे
लकड़ी के कोयले पर पके भुट्टों के लिए गाहक खोजते
बस में बैठी सवारियों को आवाज़ लगाते

एक दिन वह भी दिखा कोयले की आँच तेज़ करता हुआ
उस पर भुट्टे पकाता हुआ
ऐसा करते हुए कुछ महीनों तक वह हमसे नज़रें चुराता रहा
वह दूसरी तरफ़ देखने लग जाता था
अपने परिचितों को सामने पाकर
या किसी पेड़ की ओट में खड़ा हो जाता था

कहा नहीं जा सकता कि उसे सहज होने में कितना वक़्त लगा होगा!
पर अब हमें देखकर धीमे से मुस्कुरा देता था
इस तरह उसका लजाना धीरे-धीरे कम हुआ!

भुट्टे का मौसम ख़त्म हुआ तो देखा
उसके कन्धे पर भुनी हुई मूँगफलियों और चने वाला झोला था

धीरे-धीरे हम भूल गए कि वह हमारा सहपाठी भी था
उसके जैसे बच्चों को स्कूल आते-जाते कोई याद नहीं रखता
जैसे वे स्कूल जाते ही न हों
उनके लिए लक्ष्य करने वाली कोई बात
उनकी भंगिमाओं से दिखाई नहीं देती
उनके कपड़े हवाई चप्पल और प्लास्टिक के झोले में
किताबें यह कभी तस्दीक नहीं करते कि वे स्कूल ही जा रहे हैं
वे काम पर भी जाते हुए लग सकते हैं

वे बच्चे ज़मीन पर गिरे हुए सूखे पत्ते की तरह होते हैं
हवा-धूल-मिट्टी में मिलकर बिला जाने वाले!

एक ही टोले में घर था हमारा
साथ खेलते बच्चों की स्मृति है
पर उसकी नहीं है!

पिछले दिनों उसका घर दिखा मुझे
एकदम जीर्ण-शीर्ण अवस्था में
अब वहाँ कोई नहीं रहता
एक बड़ा भाई था उसका
देहात की ज़मीन सँभालने वह उसी ओर लौट गया
पिता के न रहने पर
एक युवा बहन थी जो लम्बी उम्र पार कर अनब्याही थी
पता नहीं, फिर क्या हुआ उसका!

माँ अस्थमा की मरीज़ थी
बेदम कर देने वाली खाँसी की आवाज़ें

बाहर तक आती थीं
बस अड्डे पर पके भुट्टे बेचने वाला उसका बाप
एक बार अस्पताल गया और वहीं मर गया

उसका घर किसी ने ख़रीदा नहीं है
जबकि वह उस जगह पर है जहाँ उसकी
अच्छी क़ीमत मिल सकती है

नोनीहाट गया हूँ तो एक-दो बार वह मुझे दिखा है
कई जगह से दरक और ढह गए अपने उस घर के
पाँच फ़ीट चौड़े उस बरामदे पर फैले मलबे के बीच बैठा हुआ
जैसे यह कह रहा हो—
यह मेरा ही है
मैं अभी जीवित हूँ और यह मेरा घर है!

इस घर को याद करता हूँ
सामने से गुज़रने पर मूँगफली या चने के भूने जाने की
सुवासित गंध बाहर आती थी
वह उसी खुले बरामदे पर बैठा एकदम सुबह-सुबह
मूँगफली और चने की छोटी-बड़ी पुड़िया बाँधता
दिख जाता था अपने भाई-बहन के साथ

सब की कहानियाँ थोड़ी-बहुत बदल जाती हैं—
थोड़ी-बहुत ही सही!
पर वह वहीं खड़ा मिला!
उसके लिए सुख का कोई रास्ता
जैसे बना ही नहीं था जीवन में!

वह पचास साल का हो गया है
उसे कोई लड़की नहीं मिली विवाह के लिए

इधर कुछ सालों पहले उसके पैरों में एक गहरा घाव हो गया है
जो अब तक ठीक नहीं हुआ है
वह कहता है कि भागलपुर तक डॉक्टर को दिखाया
मगर कोई फ़ायदा नहीं हुआ!

नोनीहाट में दिख जाने पर
हँसते हुए इशारे से पूछता है मेरा हाल
और दूसरी तरफ़ देखने लग जाता है

उसे किसी भोज में न भी बुलाओ तो वह चला आता है
और अपनी पत्तल लिये कहीं किनारे बैठ कर खा लेता है
या चुपचाप लेकर चला जाता है

इधर के गाँव-क़स्बे में अभी इतनी मनुष्यता बची हुई है
कि कोई उसे दुरदुराता नहीं है
हमारे बीच का ही है वह
इतना याद रखा है लोगों ने

सोचता हूँ घटती जाती सामाजिकता के बीच
यह भी क्या कम है!

किसी के मरने की ख़बर पाते ही
वह सब कुछ छोड़-छाड़ कर शवयात्रा में शामिल हो जाता था
यह उन दिनों की बात है
जब उसके पैर में घाव नहीं हुआ था और वह स्वस्थ था

मूँगफली या चने के भूने जाने की गंध
आज जब भी मुझ तक आती है
मुझे उसकी याद हो आती है
और उस घर की याद भी

जब वह अपने भाई-बहनों और
माता-पिता के साथ वहाँ रहता था

उसका नाम रमेश था!
अच्छा वाला नाम!
अब ऐसे सब उसे 'लिट्टी' कहते थे
पर यक़ीन मानिए मैंने उसे कभी 'लिट्टी' नहीं कहा
आज इस कविता में भी क्यों कर कहूँगा भला!

'लिट्टी-चोखे' जैसा किसी मनुष्य का नाम
अपमानजनक तो है ही
पर उसने कभी इसका बुरा नहीं माना
वह इसी नाम से पहचाना जाता है अब क़स्बे में

हीनता बोध के बीच जी रहे लोगों में
यह बोध भी नहीं होता कि वह मना ही कर दें
कि यह सब मत कहिए
मेरा नाम 'लिट्टी' नहीं 'रमेश' है!

जब आप मेरे गाँव-क़स्बे से होकर गुज़रें
और कोई बस की खिड़कियों के पास
गरम पके भुट्टों, मूँगफली या चने के लिए आवाज़ लगाता
थोड़ा चपटा चेहरे वाला, बालों में ख़ूब सरसों का तेल चुपड़े,
खूँटी दाढ़ी लिये कोई दिख जाए

और बहुत सम्भव है कि उसके पास
कोई छड़ी हो सहारे के लिए
समझ लीजिएगा—
वह हमारा सहपाठी रमेश ही है!

# साइकिल के दिन

कोई मीठी सी पुलक जागती है
साइकिल के दिन पीछा करते हैं
एक पंचर बनाने वाले का चेहरा
साथ चलता आता है

स्कूल में गुलमोहर के नीचे खड़ी
सैकड़ों साइकिलों की याद तो
होगी तुम्हें!

## पानी

अब गाँव के बाक़ी बचे कुओं में भी न रहा।
कल जब राधे चा ने भर्राई आवाज़ में फ़ोन किया कि
जानवरों के लिए भी नहीं मिल रहा,
सारे खेतिहर इसी दुख से टूट गए हैं। हलकान हैं।
तालाब सारे सूख पड़े हैं! गाँव में दो चाँपाकल है,
उस पर भीड़ लगी रहती है दिन भर।
बोरिंग फेल हो गए हैं, क्या करें, कुछ समझ में नहीं आता!

लगा सूखे तालाब के बीच खड़े होकर
कोई किसान रो रहा है
और उसे हम रोता हुआ देख रहे हैं।
उस मर्मांतक कल्पना के बाद मेरा कंठ भी सूखता हुआ लगा!

बिहार में एक बाबा का जलवा है इन दिनों।
वह पर्चे निकाल रहा है। कथा कह रहा है।
वह दुखों के निदान बता रहा है।
पढ़े-लिखे लोग भी इनके पंडालों में टूट रहे हैं।
कोई पूछे इससे, कोई पर्चा निकलवाए ऐसे पाखंडियों से कि
धरती के नीचे का यह अमृत कहाँ चला गया...उसे वापस लाओ!

गाँव से इलाज को आया एक आदमी अस्पताल के बाहर
बीस की एक बोतल ख़रीदता है

और पैसे बचाने को सात किलोमीटर पैदल
अपनी पत्नी के साथ घर लौटता है।

यहाँ एक धनपशु की चार गाड़ियाँ
हज़ारों लीटर से धुलती हुई देखता हूँ!

जबकि इतना कम रह गया है धरती के अन्दर
पर उससे भी कम बच रहा है
इनकी आँखों में!

## वे ही!

सोचा मिलकर ही कह देंगे कि नहीं आ सके
आपके बेटे के ब्याह में
सारी तैयारी कर रखी थी
पर ऐन वक़्त पर आना मुल्तवी करना पड़ा
फलाना काम आ पड़ा, कोई चारा नहीं था!

जब खगेंद्र ठाकुर मरे पटना में
प्रेम प्रभाकर भागलपुर में
रामनिहाल गुंजन आरा में
उनके अन्तिम दर्शन करने आख़िरकार जा ही सकता था
यह ख़याल आता है अक्सर देर रात गए
या आधी नींद के बीच
जैसे कोई पत्थर आज भी सीने में लुढ़कता रहता है
आत्मग्लानि का भार लिये!

कभी धूप बहुत तेज़ होती है
कभी जाड़ा ही आ धमकता है
कभी बारिश और हवा इतनी तेज़ कि
छाता सँभाले नहीं सँभलता!

इस तरह से कई ज़रूरी मौक़ों पर जाना टलता रहा!
अब सोचता हूँ तो वह सारे बहाने ही थे!
दुश्वारियों से बचने के लिए थोथे कुतर्क थे बस!

अपने कवि होने की मानी पर
शर्मिंदा होता हूँ चुपचाप!

ये वही लोग थे जो फ़ोन कर लेते थे कभी भी
और कहते थे—
बस ऐसे ही फ़ोन कर लिया विनय!
बहुत दिनों से तुम्हारा कोई समाचार नहीं मिला था
तुम्हारे पैर का दर्द अब कैसा है?
घर का क्या समाचार है?
तुम्हारे भाई अब कैसे हैं?

जो जेठ की तपती दोपहरी में
किसी शव यात्रा में शामिल होते हैं
और ज़रूरत पड़ने पर आँधी-पानी में भी
जानकारी मिलते ही किसी तरह पहुँच जाते हैं अस्पताल
—वे कौन हैं?

दुनिया में इन्हीं लोगों ने बचा रखा है मनुष्यता पर भरोसा
रिश्तों के अर्थ बस इनसे ही बचे हैं
वे सच्चे हितैषी और नागरिक हैं हमारे बीच के
बस वे शब्दों की कारीगरी नहीं जानते!

वे सही समय पर पहुँचते हैं जहाँ पहुँचना होता है
बदहवास से पसीने से भरा रूखा चेहरा लिये
और अस्त-व्यस्त!
यह कहते हुए कि—
अभी पता चला भाई साहब
और सीधा चला आ रहा हूँ...

## वे सम्बन्धी

इस इलाक़े में साल भर में लगने वाले
एक-दो मेलों में ज़रूर आते
साँझ ढले हमारे यहाँ रुकते
तय होता था उनका आना
अपना देहातीपन वे पहचानते थे
और संकोच से भरे होते थे

चौकी पर कुर्सी पर
सिमट कर बैठते, बहुत कम बोलते
साथ आए बच्चे कौतूहल से हर चीज़ को
देखते छत पर चढ़ते-उतरते
सीढ़ियों पर फिसलते

रात को छत पर या कहीं भी
गुड़ी-मुड़ी होकर सो जाते थे एक चादर में
और मुँह अँधेरे बिना चाय-पानी
माँ का पाँव छूते यह कहते हुए निकल जाते
कि फिर आएँगे

वे अपने पाँवों पर भरोसा करने वाले लोग थे
दो-चार कोस पैदल आदतन चलने वाले

सूरज के पहाड़ के ऊपर उठने तक
वे बहुत दूर निकल जाते थे

उन्हें खेतों में जाना होता था
वे किसान थे
छोटे-मोटे धंधे में लगे लोग थे

अपने गाय-बैलों की ख़ातिर जल्दी घर लौटते
जहाँ भी होते, जिस गाँव जाते

अब नहीं आते दूर-दराज़ के ये सगे-सम्बन्धी
मेला देखने के बाद
बरसों पहले की उनकी आने-जाने की
स्मृतियाँ भर बची हैं अब

मेले आज भी हैं
पहले से ज़्यादा भीड़ लिये
ज़्यादा चमकीले और नये शोर से भरे हुए

क्या पता वे आते भी हों
और हमसे बिना मिले ही लौट जाते हों!

वे आएँगे ही, इस भरोसे से रसोई में
अलग से कोई जतन नहीं होता
पीतल की बड़ी हाँड़ी में भात बने कई बरस हुए

पाँत में इन सम्बन्धियों के साथ बैठकर
अपने ही आँगन में खाए बहुत साल बीते हैं

# भागलपुर

मूँग के मसालेदार पापड़ इन्हीं तंग गलियों में तैयार होते थे
और दूसरे छोटे शहरों-गाँवों में
राजस्थानी बीकानेरी के नाम से बिकते थे

सालों बाद एक दिन लौटना होता है
सम्मोहन से भरे इस शहर की उन गलियों में
जब एक लॉज के अपने कमरे की स्मृति
और उन पापड़ों के बनने की याद पीछा करती है
पाता हूँ कि वे गलियाँ अब और तंग दिखने लगी हैं
घर चारदीवारी की जद में घुटते हुए और अपरिचित!

आसपास की ख़ाली ज़मीन पर गोभी की खेती होती थी
और जूट के बोरों पर पापड़ सूखते हुए मिलते थे
उन स्मृति चिह्नों की पहचान गड्डमड्ड होती जाती है
और इतने नये मकान कि दहशत होती है कि
सही जगह पर खड़ा हूँ भी या नहीं!

एक सहपाठी का घर था गली के छोर पर
अब वहाँ कोई और रहता था
एक धोबी मस्जिद गली की नालियों के ऊपर
कपड़ों पर इस्तरी लगाता था
अब वहाँ एक चमकता हुआ रेस्टोरेंट था
जिसके दरवाज़े शीशे के थे और भीतर नये बच्चों का शोर था

रात नौ से बारह का सिनेमा देख कर लौटते हुए
इस ख़याल से भरे होते थे कि
इस शहर के बिना जीवन कैसा होगा!

बरसों बाद इस शहर का कोई मिलता है
तो उमग कर उसका नम्बर ज़ल्दी से नोट कर लेते हैं
और अतीत को लेकर नॉस्टेल्जिक हुए जाते हैं!

एक फ़ोन कॉल की दूरी पर अतीत के क़िस्से मिलेंगे
यह जानते हुए भी कोई किसी को फ़ोन नहीं करता

पापड़ किसी मशीन पर तैयार होने लगते हैं
उनको बेलती-सुखाती स्त्रियों की एक याद भर रह जाती है
लॉज में रहने वाले लड़कों का कोई पता नहीं मिलता
दो भव्य सिनेमाघरों की जगह नये अपार्टमेंट मिलते हैं
और हम भौचक रह जाते हैं
हम भी कभी इसी स्मार्ट बनते शहर का हिस्सा थे
यह सोचते हुए एक उदासी फैल जाती है भीतर

कनपटी पर बाल सफ़ेद हो आए हैं
एक साइकिल की याद आती है
तीस बरस पहले की अपनी ही छवि के साथ
जिसने इस शहर की गलियों में भटकना सिखाया!

उलटा पुल पर खड़े होकर देखता हूँ रेलवे स्टेशन
जो भव्य लेकिन अब पराया लगता है

इस पुल पर गंगा की कछारों की तरफ़ से
साइकिल पर केले आते हैं बिकने को
तीस के दो दर्जन ख़रीदता हूँ
और नोनीहाट की बस पकड़ता हूँ

## गिरिडीह बहुत अच्छा शहर था!

उस शहर में मत जाओ
जहाँ तुम्हारा बचपन गुज़रा
अब वो वैसा नहीं मिलेगा
जिस घर में तुम किराएदार थे
वहाँ कोई और होगा
तुम उजबक की तरह
खपरैल वाले उस घर के दरवाज़े पर खड़े होगे और
कोई तुम्हें पहचान नहीं पाएगा!

वह लम्बा सा ख़ाली टीला जहाँ
तुमने जमकर पतंगबाज़ी की थी
अब वहाँ अनगिनत घरों की क़तारें होंगी

तुम किस-किस को बताओगे कि
पैंतीस साल पहले मैं यहाँ रहता था!

वह तालाब पाट दिया गया होगा
जहाँ तुम नहाए, तैरना सीखा
साथ खेलते बच्चे किसी और शहर को चले गए होंगे
और जो होंगे उन्हें कैसे पहचानोगे तुम?

ज़ाहिर है तुम अपने स्कूल भी जाओगे
सम्भव है कि वह किसी बड़ी इमारत के पीछे छुप गया होगा!

शहर से चुपचाप गुज़र जाओ
यही तुम्हारे हक़ में अच्छा होगा
अपने आँसुओं को रोको
कोई पुराना सहपाठी
न कोई पुराना पेड़ मिलेगा विनय सौरभ!

बड़ा चौक पर दोस्त के पिता की नास्ते की
उस छोटी-सी दुकान में तो जाओगे
पर क्या वह मिलेगी?
कोयले की आग से धुआँती छतें
और समोसे की वह ख़ुशबू कहीं दर्ज कर लो
पर उधर मत जाओ

बड़ा चौक अब बहुत बदल गया है
जीवन टॉकीज बन्द हो चुका है
जहाँ तुमने अपने जीवन की पहली फ़िल्म
मुकद्दर का सिकंदर देखी
तुम्हें मन्दिर से कुछ ख़ास लगाव तो न था
तुम कालीबाड़ी क्यों जाना चाहते हो?
उस चौक पर अब तृप्ति नाम का कोई रेस्तराँ नहीं है

मकतपुर चौक पर सब्ज़ियाँ आज भी मिलती हैं
और रंजीत स्टूडियो कब का बन्द हो चुका
डोमा साव के मिठाइयों की दुकान है
पर उसकी नमकीन का स्वाद क्या वैसा ही होगा!
मोती पिक्चर पैलेस के आगे अब चाट के ठेले नहीं लगते
फ़िल्मी गानों की किताबें नहीं बिकतीं
अब कोई टिकट ब्लैक नहीं होता
अब वह सिनेमाघर बदहाल और बदरंग हो चुका है,
उसे देखकर तकलीफ़ से भर जाओगे

जहाँ स्कूल से भागकर नून शो की
कई फ़िल्में देखने की याद बाक़ी है!

पिता के दफ़्तर की याद तो होगी
कचहरी के पास वहाँ भी जाओगे
पर वह इमारत न मिलेगी!

नाहक ही परेशान हो जाओगे तुम
उस शहर में मत जाना
याद करना कि वह एक बेहतरीन समय था तुम्हारा
जहाँ दीवारों पर लगने वाले फ़िल्मी पोस्टरों की
तुमने अपनी किताबों कॉपियों पर जिल्दें चढ़ाईं

इस तरह से तुम्हें अपने भाई-बहन भी याद आएँगे
इस तरह पिता ख़यालों में आएँगे
तब शहर के किताब की दुकानें भी याद आएँगी
रहमान दर्जी की याद आएगी
फ़ुटपाथ पर लगने वाली चप्पल की अनगिनत दुकानें
और बाटा में पहली बार ख़रीदा गया स्कूल का जूता याद आएगा

स्कूल के दिनों का वह स्वेटर पीछा करेगा जो
दिवंगत बहन ने पहली बार तुम्हारे लिए बनाया!

उस शहर में मत जाना
इस तरह से तुम दुख के दरिया में डूबोगे

तुम लौटोगे, तुम्हारी पुरानी बातें कौन सुनेगा
अब तो वह माँ भी नहीं रही जो बात-बात में कहती थी :
गिरिडीह बहुत अच्छा शहर था!

## ख़ान बहुरुपिया

अब याद करता हूँ तो वे आजमगढ़ जिले के थे
हमारे इस इलाक़े में गर्मियों में आते थे
सब उन्हें ख़ान साहब कहते थे

वह बहुरुपिया थे—तरह-तरह के भेष धरने वाले!
खेती-किसानी के बाद जो समय मिलता था
उसमें उस पुश्तैनी पेशे को उन्होंने ज़िन्दा रखा था

हमने उन्हें जटाधारी शिव, पुजारी, मजनूँ, पोस्टमैन,
रावण, इनकम टैक्स का अफ़सर, पागल ख़ूनी, पटवारी
और भूत बनते देखा था बरसों!

उनके पीछे सैकड़ों बच्चे होते थे भागते, उछलते-कूदते!
मैं भी उनमें से एक था

सब जानते थे कि वह बहुरूपिया थे!
फिर भी जब वह पागल मजनूँ बनकर गलियों में भागते थे!
—क्या आलम होता था!
महिलाएँ छतों से, बरामदे से, दरवाज़े की ओट से
उन्हें देखतीं, हँसतीं और अफ़सोस करतीं
छोटे बच्चे डर कर रोने लगते
तब वे रुक कर उन बच्चों के गाल थपथपाते
और हाय लैला-हाय लैला करते हुए

यह फ़िल्मी गीत गाते हुए
“तेरी बाँकी अदा पर मैं हूँ फिदा
तेरी चाहत का दिलवर बयाँ क्या करूँ”
—गलियों में भागते दिखते!

शाम होती तो साफ़ धुले हुए सफ़ेद कुर्ते-पाजामे में
और सिर पर सफ़ेद गमछा लपेटे, आँखों में सुरमा डाले
मोहल्ले के बड़े बुज़ुर्गों के पास बैठे मिलते
वे उनसे अपने देस की खेती-बाड़ी के बारे में बातें करते
दूसरे शहरों-गाँवों के अपने अनुभव सुनाते
लोग उन्हें क़िस्सागो की तरह देखते और मुग्ध होते

उन्हें देखकर हम यक़ीन नहीं कर पाते कि
दोपहर में चिट्ठियाँ और मनीऑर्डर के लिए आवाज़ देने वाला
पोस्टमैन यही आदमी था!

पचपन के उस बहुरुपिये के चेहरे पर एक नूर था
वे सबको भले लगते
लोग उन्हें ससम्मान अपने दरवाज़े पर बैठने को
कुर्सी या मोढ़ा देते
बच्चे उन्हें कौतूहल से दूर से देखते
ख़ान साहब उन्हें पास बुलाते उनके स्कूल और
उनकी कक्षाओं की जानकारी लेते, फिर कोई पहाड़ा सुनाने को कहते
‘ख़ूब मन लगाकर पढ़ो बबुआ’—कहकर स्नेह से उनका माथा चूमते

वर्षों तक उनका ठिकाना मस्जिद के पास रहने वाले
बिलाल मियाँ का घर रहा
बिलाल मियाँ ने कभी उनसे रहने के पैसे नहीं लिये!

कई साल गुज़र गए हैं 1986 के बाद वे फिर इधर नहीं आए
जब रामानन्द सागर रामायण लेकर हमारे घरों के भीतर आए
उस साल के बाद इस बहुरुपिये की हमें कोई ख़बर नहीं मिली!

सोचता हूँ, अच्छा हुआ ख़ान साहब आप 1992 के बाद नहीं दिखे!
वरना भगवान शिव के भेष में देख कर किसी सिरफिरे का
ज्ञान जाग सकता था
वह यह पूछ सकता था कि—तुम जटाधारी कैसे बे?
तुम्हारी हिम्मत कैसे हुई जटाधारी शिव बनने की?

मनोरंजन की पारम्परिक दुनिया से
धीरे-धीरे विदा हो गए हैं अब बहुरुपिये भी!
अब उन्हें किसी शहर या गाँव में नहीं देखा जाता
वे हमारी दुनिया से जा चुके हैं!

अगर ख़ान साहब अभी होंगे तो यक़ीनन यह बहुरुपिया
अपनी 92-93 की उम्र पूरी कर रहा होगा!

सोचता हूँ क्या उन्हें उन जगहों की याद आती होगी
जहाँ वे अपने जवानी के दिनों में गए होंगे
जहाँ लोगों ने सामने से उन्हें ख़ान साहब कहकर इज़्ज़त बख़्शी होगी
फिर वे 'ख़ान बहुरुपिया' के नाम से मक़बूल हो गए होंगे

ख़ान साहब का नम्बर भी मिल जाता तो पूछता कि
क्या आपको नोनीहाट की याद है?
खेती-बाड़ी कैसी चल रही है?
क्या आपके इलाक़े में भी बारिश कम हो गई है?

आप आख़िरी बार बहुरुपिया कब बने थे ख़ान साहब?

## मुरेठा

एक रोज़ रेल की यात्रा में वह मुझे मिला था
सीट पर उकड़ूँ बैठे अपने झोले को सीने से लगाए

सब देखते थे उसे मुस्कराकर
पर वह उत्सुकता से देखता जाता था बाहर
खिड़की से पीछे छूटते खेतों और पेड़ों को

डिब्बे में आगे-पीछे कई बार उसने अपनी गर्दन घुमाई
जैसे उसकी आँखें पूछ रही हों—
लोहे की इतनी बड़ी गाड़ी कैसे बन गई!

उसे कहाँ जाना था पता नहीं!
भीड़ इतनी थी कि चाह कर भी उससे पूछ नहीं पाया

मैं उसका मुरेठा देख रहा था
ऐसा मुरेठा पहने एक तस्वीर मेरे पूर्वज की है
मैंने पूर्वज को नहीं देखा था

संथाल परगना के छोटे किसान-मज़ूर
हाट-बाज़ार या रिश्तेदारी में जाने के समय मुरेठा पहनते हैं
यह देखता आया हूँ बचपन से

मेरे दादा ने रेल नहीं देखी थी
वह अपनी आजीविका के लिए रोज़ तीन-चार कोस
मुरेठा बाँध पैदल चलते थे, ऐसा सुना है

एक हॉल्ट पर जब रेल रुकी उसने बाहर की ओर ताका
और भीड़ को चीरता हुआ उतर गया

मैंने देखा वह बहुत तेज़ चलता जाता था
खेतों की पगडंडियों पर
मुझे अपने पूर्वज की याद दिलाता

# छोटकी दिदिया के लिए : एक

ईश्वर करे उसका जीवनसाथी
हम दोनों भाइयों से भी अच्छा हो
हम तो कभी-कभी झगड़ भी पड़ते थे

अब यहाँ यह कैसी वीरानी है
जैसे कोई मेला उठ गया हो
और दिख रहा हो ख़ाली मैदान

कुछ रिश्तेदार बचे हैं
एक-दो रोज़ में धीरे-धीरे चले जाएँगे सब

जुटानी हैं घर में बिखरी हुई चीज़ें
अस्त-व्यस्त हो गया है ब्याह में यह घर
निष्प्राण हो गई हैं वस्तुएँ
जहाँ जो चीज़ पड़ी है—रहने दो!
मन में गहरा सन्नाटा है
और उदासी तो जैसे हवा में घुल गई है

अच्छा नहीं लग रहा है कुछ भी
टेंट वाले को कह दो, अभी नहीं, कल शाम को आकर हिसाब कर ले
या दो-चार दिनों के बाद आए

विदा हो गई बहन की स्मृतियाँ पसरी हैं घर में
अब उसका स्पर्श पीछा करेगा
रसोई में दरवाज़े पर अलगनी पर
पढ़ने की मेज़ पर

देर से लौटने पर उसका यह कहना माँ की तरह—
बाबूजी नहीं रहे तो तुम लोगों को कोई कुछ कहने वाला नहीं
खाना ठंडा हो रहा है...मुझे फिर से गर्म करना पड़ेगा
हाथ-मुँह धो कर बैठो, ऐसे नहीं!

उसके जाने के बाद हम सब का बचपन जैसे ख़त्म हुआ
अब तो सारे दृश्य गड्डमड्ड हो रहे हैं

उसकी पिटाई तो कभी हुई नहीं
सबसे दुलारी बेटी थी!

माथे पर लाल रिबन बाँधकर हुलसते हुए स्कूल जाने का दृश्य
पहली बार रोटी गोल बना देने की कौशल पर उसका झूम उठना
बाबूजी की मृत्यु पर बार-बार मूर्च्छित होना

कोलाज में बदल गई हैं
बहन की स्मृतियाँ

उसके ससुराल में सभी लोग अच्छे ही हैं
लेकिन उसका बचपन अभी गया नहीं
कैसे विदाई के समय उसकी रुलाई
स्कूल जाते बच्चे की-सी थी!

और आजकल विदाई के समय
ऐसे भी रोती हैं लड़कियाँ भला!

## छोटकी दिदिया : दो

अब तुम्हारा फ़ोन नहीं आएगा
अब तुम्हें छुप-छुप कर बात करने की ज़रूरत नहीं
अब तुम्हें डरने की ज़रूरत नहीं
अब किसी बात का कोई मतलब नहीं रह गया है!

अब तुम्हारे दरवाज़े से होकर
उस शहर को कैसे जाऊँगा
जो शिव की नगरी कहलाती है
जिसमें इक्कीस साल तक़ रहीं तुम
अपने ही हत्यारे के साथ

तुमसे मिलने जाते हुए
अब कभी बीच रास्ते में
रुकना नहीं पड़ेगा हमें
फ़ोन की घंटी की आवाज़ सुनकर
अब तुम्हें समय का अन्दाज़ा नहीं लगाना पड़ेगा
कि तुम्हारे घर तक पहुँचने पर
हमारे लिए बन चुकी होती थी चाय!

मेरी पसन्द की वह सब्ज़ी
जिसमें माँ के हाथों का स्वाद आता था
जिसे तुमने सीख लिया था

हूबहू मेरे लिए
—अब तुम्हें नहीं बनानी पड़ेगी!

अब तुम्हें भैया के स्वास्थ्य की चिन्ता नहीं करनी है
और बेटे की पढ़ाई और स्वभाव की चिन्ता तो बिलकुल नहीं!

तुम्हारी रिसर्च पढ़ाई सब बेकार गई
इस बेचैनी से तुमको
तुम्हारे ईश्वर ने कर दिया है मुक्त

अब मैं तुम्हारे शहर से घृणा करता हूँ
जहाँ तुम्हारे लिए अन्तिम समय में
कोई सिरहाने खड़ा नहीं था

किसी ने जगाकर तुमसे यह नहीं पूछा
कि सुबह के साढ़े दस बजे तक तुम क्यों सो रही हो!

दीदी, उन किताबों के पन्नों में पढ़ता हूँ तुमको
जिन पर आज भी तुम्हारी उँगलियों
का स्पर्श बाक़ी है
अच्छा हुआ लेता आया तुम्हारी सभी किताबें
किसी कूड़ेदान में जाने से पहले
जिसने नहीं की क़द्र
एक धड़कते हुए दिल की
वो क्या जानेगा किताबों के बारे में!

जानता हूँ
अब तुम्हारा फ़ोन कभी नहीं आएगा
उस रूट की सभी लाइनें
अब बन्द हो चुकी हैं!

## ख़ाली देह!

दिल्ली में पहाड़ की स्मृतियों से
घिरा रहता हूँ मैं
एक गाँव जगह रहता है मेरे भीतर
और रात के अँधेरे में एक लालटेन
जलती रहती है

एक नीम का पेड़ डोलता रहता है आँगन में
हर सुबह गाँव के मस्जिद की नमाज़
गूँजती रहती है
तालाबों का पानी हिलता ही रहता है मेरे मन में
नदियों के किनारे के हरे पाट याद आते हैं
सखुआ के हरे दोने में मुढ़ी-घुघनी की महक से
सुवासित रहता है मन!

खेत आँखों में फैले ही रहते हैं
एक दुकानदार दोस्त की बाँहें पीछा करती हैं
पीछे छूट गए बुज़ुर्गों के स्वास्थ्य का
अनुमान लगाता रहता हूँ!

दिल्ली में ख़ाली मेरी देह है!

## उम्र भर

कई चीज़ें हमारा उम्र भर पीछा करती हैं
हम बढ़े चले जाते हैं समय की नाव पर सवार

जैसे बरसात के दिनों में पीछा करती है काग़ज़ की डोंगी
जिस पर बैठा होता है हमारा बचपन

जैसे हम शहर में होते हैं
और माँ की इस स्मृतियों में समाया होता है
गाँव में रखा हुआ सन्दूक़ और खेत

देखता हूँ रसोई की आग
और पीछा करता है चोरी गया वह स्टोव
जिस पर हमने एक पराए शहर में रहते हुए
कॉलेज के दिनों में भोजन पकाए

ऐसी किसी भी चर्चा से बचना चाहते हैं हम
जबकि पीछा करती है उम्र भर प्रेमिका की आँखें
प्रेम में पाया गया पहला ख़त
हमारा पीछा करता है

वह पिता के हाथों लगाया पिछवाड़े का शीशम
और पैतृक मकान पीछा करते हैं
जब जीवन के अन्तिम पहर में

किसी दूसरे शहर में रहते हुए
पेड़ पर कोई कविता सुन रहे होते हैं हम

बहुत कठिनता से हम इस पीछा करने को नज़रअन्दाज़ करते हैं
लेकिन अपनी परछाईं की तरह कई चीज़ें
उम्र भर लगातार हमारा पीछा करती हैं

# फ़ोटो स्टूडियो की याद

अब किसी भी शहर में जाओ
बहुत उदास मिलते हैं फ़ोटो स्टूडियो
जो कभी खिलखिलाती तस्वीरों और रूमानी हलचलों से भरे होते थे

हम सब के पास
उनको लेकर कोई न कोई याद है

नोनीहाट के खोगेन विष्णु ने उन्हें कभी
फ़ोटू खींचने की दुकानें कहा था
जब वे पहली बार किसी शहर से फ़ोटो स्टूडियो देखकर लौटे थे और
कैसा कौतुक भरा चित्रण किया था!

वह फ़ोटो खींचने की दुकानें ही तो होती थीं सचमुच!
वहाँ कितनी हसरतों से लोगों को भीतर जाते देखा है
वेशभूषा ठीक करते, चेहरा चमकाते हुए
फ़ोन का रिसीवर हाथ में लिये, बेलबॉटम पहने कॉलेजिया लड़के
और बैकग्राउंड में ताजमहल के पुराने पड़ चुके पोस्टर रंग छोड़ते हुए
पहाड़ और फूलों की वादियों के आगे बैठे नवविवाहित जोड़ों के ये
स्वप्नगाह थे!

एक बड़े वक़्फ़े के बाद एक ऐसी ही जगह पर खड़ा हूँ जहाँ पहले भी
कई बार आने की याद ने लगभग परेशान कर रखा है
कहन की शैली में जिसे मशहूर-ओ-मा'रूफ़ कह सकते हो

ओह! वे वासु दा ही थे!
लोग उन्हें स्टूडियो मैनेजर कहते थे
लगभग सत्तर की उम्र में वे वहाँ क्या कर रहे थे?
आश्चर्य था कि वे अब भी यहाँ थे!
इस स्टूडियो में बस अकेले बचे कर्मचारी!
उनकी आँखों में देर तक देखने से एक सुन्दर दुनिया की तकलीफ़देह अन्त का सफ़रनामा मिलता था

हथेलियों और कुहनियों की छुवन भर से घिस आए उस काउंटर के पीछे
शीशम की बड़ी सी पुरानी कुर्सी पर बैठे उस नूरानी चेहरे को
जो इस स्टूडियो का मालिक था, मैं पहचान सकता था
अस्सी-नब्बे के दशक में वह युवा थे
सलीकेदार और आकर्षक!
ख़ास मौक़ों पर ही फ़ोटोग्राफ़ी के लिए उपस्थित होते थे

शहर के रईस तक चाहते थे कि उनकी कोई यादगार तस्वीर में वे उतार दें
उनकी अलहदा शख़्सियत की वजह से उन्हें एक फ़ोटोग्राफ़र से कहीं ज्यादा इज़्ज़त बख़्शी इस शहर ने

इवेंट और डिजिटल फ़ोटोग्राफ़ी के दौर में
एक पुराने और संजीदा फ़ोटोग्राफ़र का अकेलापन और उदासी तुम दूर से पहचान सकते हो

स्टूडियो में लगे शीशे के सेल्फ़ में तस्वीरें अपनी चमक खो चुकी हैं
वे पुरानी पड़ गई हैं
कुछ के फ्रेम औंधे पड़े हैं
उन पर जैसे महीनों की धूल बैठी है
उन्हें तरतीब से रखा जा सकता है, यह बात उनके ज़ेहन में क्या नहीं आती होगी?

दीवारों पर रंग-रोगन हुए जमाना बीता है और धूसर हो चुके उस सोफ़े को मैं पहचान ही सकता हूँ
गोकि उस पर बैठने की याद बाक़ी है!

यह पता चल जाना कोई मुश्किल काम नहीं है कि उनकी संतानें किसी और धंधे में क्यों लग गई होंगी!
और इस पुश्तैनी धंधे को कितनी तकलीफ़ से अलविदा कहा होगा!

वह तस्वीर जिसमें दिखते थे अभिनेता सुनील दत्त स्टूडियो के मालिक के साथ
यहाँ आने वाला हर ग्राहक बहुत कौतूहल के साथ देखता था उस फ्रेम को
जो वक़्त की गर्द में अब अपनी रंगत खो चुका था
उसमें सुनील दत्त थोड़े अधेड़ हो गए दिखते हैं
यह फ़ोटो आकाशवाणी भागलपुर के किसी कार्यक्रम की है जिसमें यह फ़ोटोग्राफ़र उनके साथ खड़ा है

लेकिन आज की तारीख़ में अब कोई सुनील दत्त को याद नहीं करता
क्योंकि आप जानते हैं कि अब कोई स्टूडियो नहीं जाता और ऐसी तस्वीरों के लिए वह रोएँ खड़ा कर देने वाला रोमांच और दिलचस्पी अब बीते दिनों की बात हो चुकी है

अपने समय के नामचीन अभिनेता अब या तो मर गए हैं या गुमनामी के अँधेरे में चले गए हैं
और उनके लिए वो जादू भी देश के साधारण नागरिकों में ख़त्म हो चुका है

लेकिन हममें से हर कोई जीवन में एक बार ज़रूर गया है फ़ोटो स्टूडियो
और आज मेरी गुज़ारिश है दोस्तों कि अगर आप पुरानी ब्लैक एंड व्हाइट तस्वीरों से प्यार करते हो तो उन्हें भी एक बार याद करो
बाप-दादाओं और पूर्वजों की दुर्लभ फ़ोटुओं के लिए हम उनके क़र्ज़दार हैं

लेकिन वह अब आपके शहर में शायद ही बचे हों या अन्तिम साँसें गिन रहे हों

उन फ़ोटो स्टूडियो के साइन बोर्ड अपने ज़ेहन में होंगे
जिस पर परवीन बॉबी या अभिताभ बच्चन काले गॉगल्स और गोल टोपी में नमूदार होते थे

उन लाखों कैमरों के बारे में सोचो जो
वक़्त की तेज़ रफ़्तार में किसी कबाड़ में बदल गए हैं
उन्हें उनके मालिकों ने कहाँ रखा होगा
डार्क रूम में जहाँ कभी निगेटिव्स धुलते थे नीम रोशनी में
क्या वे कैमरे भी उन्हीं अँधेरों में कहीं खो गए हैं?

## घर : एक

मैं चलता हूँ
या अब मुझे चलना चाहिए
कहता हुआ आता हूँ
घर के दरवाज़े पर

फिर कब आ पाऊँगा
या फिर मुझे जल्दी आ जाना चाहिए
मेरा झोला ठीक करते हुए
माँ कहती थी, जब वह थी
और दरवाज़े से आँख भर मेरा जाना देखती थी

इस तरह से अपनी नौकरी पर जाने को निकलता हूँ घर से
और थोड़ा घर पर ही छूट जाता हूँ

रुलाई बाहर आने से रोकता हूँ
बड़े भाई को कहता हूँ—
फ़लाँ काम देख लीजिएगा
मौसी के यहाँ चले जाइएगा, सुना है बीमार है
अब वही तो एक बहन बची है माँ की!

याद है गुड़ के अरसे कितना
भेजा करती थी हमारे लिए!

चाहता हूँ बस छूट ही जाए!
कोई छूटी चीज़ याद आ जाए
और भागूँ घर के अन्दर

अभिनय करूँ भीतर आते हुए
कि कमरे की खिड़की
शायद खुली तो नहीं रह गई!
शहर के किराये के घर की चाबी तो
नहीं भूल आया ताखे पर!

जब तक शहर के लिए बस आ नहीं जाती
नज़र बचाकर देखता रहता हूँ घर को

## घर : दो

एक घर था
जिसे एक रोज़ छूट जाना था

पता भी न हुआ हमें
और देखते ही देखते बदल गई
उसके भीतर की हवा

हाथ जो खोलते थे प्रतीक्षा में
सामने का दरवाज़ा
कहाँ गए...?

एक चौकी थी
एक कुर्सी
एक रसोईघर
एक बरामदा
एक छज्जा बचपन की किताबों
और पुरानी गठरियों से भरा

मेरे बैठने की जगह पर अब धूल थी
और सामने एक परदा था

और उसके पीछे स्मृतियाँ थीं...

## जिल्दसाज़

वह जो एक दिन दरवाज़े पर आ खड़ा हुआ
बांग्ला में बोला :
किताबों पर जिल्द चढ़ाता हूँ
किसी ने बताया कि आपके यहाँ किताबें बहुत हैं
कुछ किताबें देंगे हमें दादा!
बंगाल से आये हैं

वह सुबन्धु था
समय की मार खाया हुआ चेहरा लिये अपना घर-बार छोड़ आया था

उसने हमारे यहाँ पचासों जर्जर किताबों को जीवन दिया!

पत्नी और एक छोटे बच्चे को साथ लिये
बंगाल के किसी गाँव से निकल आया था सुबन्धु!

कौन पूछता है अब जिल्दसाज़ को?
किसके लिए ज़रूरी रह गई हैं पुरानी किताबें?

सुबन्धु तुम जिल्दसाज़ कैसे बने?
क्या तुम्हारे पिता जिल्दसाज़ थे?
तुम इतने अच्छे जिल्दसाज़ कैसे बने सुबन्धु?
मैं बार-बार पूछता था

कितनी ख़ुशी होती थी उसका काम देखकर
कितनी सफ़ाई थी उसके काम में कि पुरानी किताबों से प्यार बढ़ता ही जाता था

दिन बीतते जाते थे और जिल्दसाज़ के चेहरे पर निराशा बढ़ती जाती थी
जिल्दसाज़ी के लिए और किताबें नहीं मिल रही थीं गाँव में

वह पूरे इलाक़े में पुरानी किताबों की तलाश में भटक रहा था

एक सर्द शाम को जब सबके घरों के दरवाज़े बन्द हो रहे थे और कोहरा घना हो रहा था, सुबन्धु आया

बोला : दादा काम नहीं मिल रहा
कोई दूसरा काम भी तो नहीं आता
अपने देश लौट जाना होगा दादा!

यह सब कहते हुए दुख का कोहरा, मैंने देखा जिल्दसाज़ के चेहरे पर और घना हो रहा था

वह किताबों की आलमारी की तरफ़ देख रहा था
और असहज कर देने वाली चुप्पी के साथ

मेरा और मेरे बड़े भाई का चेहरा फक्क था!

इन दिनों हम रोज़ ही सुबन्धु की और उसके हाथ की कारीगरी की चर्चा करते हुए अघाते न थे
लेकिन एक जिल्दसाज़ के जीवन में क्या चल रहा था, पता न था!

बंगाल से किताबों को बचाने आया था वह पुरानी किताबों को जीवन देने आया था

पुरानी किताबों की महक में जीता था वह जिल्दसाज़!

सुबन्धु चला जाएगा!
यह बात फाँस की तरह थी हमारी संवेदना में

जैसे मन के दीपक में तेल कम हो रहा था और एक रात में हरा जंगल
जैसे ख़ाली ठूँठ रह गया था उसके जाने की बात सुनकर

इलाक़े में पुरानी किताबें न थीं
इसलिए सुबन्धु वापस जा रहा था

गाँव में जिल्दसाज़ का क्या काम!

आज हाट में मिला सुखदेव मरांडी
बोला : आपकी किताब बाँधने वाला चला गया अपना सामान लेकर
बीवी-बच्चा और टीन के बक्से-झोले के साथ बस पर चढ़ते देखा था उसने

जाने से पहले सुबन्धु हमसे मिलने नहीं आया था
वह क्या करता हमारे यहाँ आकर!
हमारे यहाँ और पुरानी किताबें कहाँ थीं?

तीन महीने वह रहा इस इलाक़े में
और कोई उसे जान नहीं सका!

एक मज़दूर को तो सब पहचानते हैं
मगर एक जिल्दसाज़ में किसी की दिलचस्पी नहीं थी!

आज तुम कहाँ होगे सुबन्धु?
क्या पुरानी किताबों से भरी कोई दुनिया हासिल हुई तुम्हें?

तुम्हारी याद अब एक यंत्रणा है जिल्दसाज़!

तुम अब जान ही गए होगे
किताबों की जगह बहुत कम हो गई है हमारी दुनिया में
और पुरानी किताबों की तो और भी कम!
पुरानी किताबों की गंध के बीच जीना भूल चुकी है यह दुनिया!

"अपने बच्चे को जिल्दसाज़ी नहीं सिखाऊँगा दादा! वह कोई भी काम कर लेगा, जिल्दसाज़ी नहीं करेगा!"

सुबन्धु ने यही तो कहा था हमारी आख़िरी मुलाक़ात में!
बरामदे से नीचे उतरते हुए और कोहरे में गुम होते हुए उस सर्द रात में!!

## उस लोकधुन की स्मृति में

उन्हें सूरजकुंड के मेले में सुना था कई बरस हुए
यद्यपि हिमाचल के लोक धुनों की मुझे कोई पहचान नहीं

पर कोई लय मुझे बाँधती थी
एक आलाप किसी स्त्री का मुझे अनजाने खिंचाव से भर देता था
वह वाद्य है बैठा मेरे दिमाग़ में अब तक
जिस पर मैं बर्बाद हुआ

कोई ढप-ढप करता वाद्य स्वर गले के साथ संगत करता हुआ
वह तबला नहीं
ढोलक नहीं
वह क्या था, कैसे बताऊँ!
मैं तो सुन्दर नींद और सपने की अवस्था में था

क्या वह स्त्रियों के दुख के गीत जैसा था?
नहीं-नहीं! —मुझे तो ऐसा लगा कि कोई शान्त नदी मध्यम आवाज़ के साथ पहाड़ों से उतर रही हो

फिर लगा इसमें स्त्री जीवन की
विडम्बनाओं की कथा है!

मैंने कयास लगाया और क्या पता था कि
यह धुन मुझे जीवन-भर के लिए ही लपेट लेगी!

कोई बताए मुझे उस गीत में क्या था
और वह धुन मुझे कहाँ मिलेगी
...मैं उसका हो जाऊँगा!

कई बरस हुए सूरजकुंड के मेले में गए हुए
क्या हिमाचल जाऊँ तो वह धुन मुझे मिलेगी?

मैं अगर कहूँ कि उस लोक धुन की स्मृति मुझे बेईमान होने से बचाती है
तो यह सुनकर आप हँसेंगे

उस धुन ने उस गीत ने मुझे प्रेमी बनाया
उस स्त्री के आलाप में व्याप्त दुख की स्मृति में मैं कई-कई रात रोया हूँ

क्या कोई पतियाएगा?
कि उस गीत की तलाश में गीत बेचने वाले दुकानों पर धूप-बताश में जार-बेजार फिरा हूँ
कई-कई घंटे रेडियो से कान लगाए पड़ा हूँ

मुझे वह धुन कहाँ मिलेगी!

दुर्गा पूजा में जहाँ कबीर के पद नहीं फ़िल्मी गानों के रीमिक्स बजते हों
...आप की इस नगरी का
भी क्या भरोसा करूँ!

## उधार

उसके रास्ते पर मेरे पाँव बोझिल होने लगे
मुझे लगा कि वह मेरी ओर ही देख रहा है
मैं दूसरी दिशा के दुकानों के बोर्ड पढ़ने लगा
सिनेमा के पोस्टर देखने लगा!

साथ चल रहे दोस्त से
अनावश्यक रूप से कहने लगा कि
कोई कुछ कहने वाला नहीं है
कितनी अश्लील तस्वीरें दीवारों पर लगा देते हैं

दोस्त चुपचाप चलता रहा
उसे मेरी बातों से क्या लेना-देना था

कई बार सोचा है—
अबकी बार कैसे भी करके उस दुकानदार के पैसे चुका दूँगा...

# दो दोस्त

दो दोस्त गए हैं बचपन के
अभी पहाड़ की तरफ़

एक आया है मुम्बई से कई सालों बाद!
दोनों बचपन के दोस्त हैं
उनकी दोस्ती का आलम सब जानते हैं

मुम्बई से आया दोस्त
उदास दिखता है इस बार
कहता है—
पच्चीस साल हो गए गाँव से निकले
विश्वास नहीं होता!

बरसों बाद मिले हैं दोनों
पर ख़ामोश हैं
पता नहीं चलता, क्यों हैं?

इस बार मुम्बई की बातें नहीं हो रही हैं उनके बीच
लड़कियों की बातें नहीं हो रही हैं
और फ़िल्मों की तो बिलकुल नहीं

शुरू के दिन याद आ रहे हैं

कितनी बातें करते थे दोनों
जब एक मुम्बई से लौटता था

यहीं आते रहे मैट्रिक पास करने के दिनों से
यह जगह बहुत पसन्द थी उन्हें
सखुआ के तब कितने पेड़ होते थे यहाँ
वह उदासी से चारों ओर देख रहा है

एक महुआ का पेड़ भी तो था यहाँ?
—कहाँ गया!

पेड़ कहीं नहीं जाते!
वह हमेशा बचे रहते हैं मन में!

अच्छा, तुम्हें याद है वह पेड़?
मैं पूछता हूँ

वह धीरे से हँसा है—
एक बार हमने कितना महुआ चुना था!
क्या करते थे हम उसे चुनकर?
वह फीकी हँसी हँस रहा है
मुम्बई की बातें नहीं हो रही हैं

फ़्लैट की क़िस्तें चुक गईं?

हाँ, चुक गई हैं—
कुछ रुक कर, बेहद ठंडी आवाज़ में कह रहा है
पर क़िस्तें चुक जाने की ख़ुशी
उसके चेहरे पर नहीं है

पहले तो हमेशा ही कहता था चिट्ठियों में
और मिलने पर भी
बस कैसे करके क़िस्तें ख़त्म हो जाएँ
अपना एक घर हो जाए मुम्बई में बस!

सुन्दर मौसम है
गर्मियों की यह शाम कितनी सुकून भरी है
पर कोई हवा है जो दोनों के बीच रुकी हुई है
दोनों चुप हैं, कोई कुछ नहीं कह रहा!
किसी का फ़ोन आया है मुम्बई वाले दोस्त के पास
और उसने हाँ हूँ में जवाब भर दिया है

बातों का लिफ़ाफ़ा
जैसे हवा उड़ा ले गई है अपने साथ
और ख़ामोशी थोड़ी बारिश के बाद की उमस की तरह फैली है आसपास

बेटा तो अब ग्यारह-बारह का हो गया होगा?

जैसे उसने देर से सुनी हो यह बात
चौंककर कहा है उसने—
हाँ बारह का! बारह का!

सोचता हूँ इस बार आया हूँ तो
घर की पुताई करा ही लूँ!
इतना बड़ा घर!
क्यों बनाया होगा इतना बड़ा घर पुरखों ने!
कितना मुश्किल है अब इनका साज सँवार!!
वह बोल रहा है
एक छिपी हुई रुलाई भी उसमें शामिल है

धूल से सने घर में
उदासी भी साथ रहने चली आती है
उसमें सिर्फ़ जाले ही नहीं आते!

वह गाँव वाले अपने बड़े से घर की बात कर रहा है
मुम्बई की बातें नहीं कर रहा है

हम इधर आकर कितनी सिगरेटें पीते थे!
तुम कभी-कभार अब भी सिगरेट पीते हो क्या?
मैं ना में सिर हिलाता हूँ
और कुछ नहीं कहता

इधर कितने पेड़ थे!
बेर की कितनी झाड़ियाँ होती थीं!

सालों बाद मिले हैं दोनों दोस्त
पहाड़ के नीचे बैठे हैं
और मुम्बई की बातें नहीं हो रही हैं

## इन्हें धरती का भगवान मत कहो!

मैं उन डॉक्टरों का सम्मान कैसे कर सकता था
मैंने उनमें से ज़्यादातर को अपने मरीज़ों के साथ रुखाई और बहुत हद तक लापरवाही से पेश आते देखा है

मृत्यु उनके लिए एक सूचना भर है
और वह भी सपाट ढंग से बताई जाती है आख़िर में

बहुत शुष्क क़िस्म के होते हैं उनके सहयोगी
उनके सुपर स्पेशलिटी कहे जाने वाले संस्थानों में
वे सिर्फ़ अपनी नौकरियाँ करते हैं बेमन से और निकल लेते हैं
उनकी पगार कितनी कम होती है!
वे ख़ुद कई मुश्किलों और पारिवारिक तनावों से घिरे होते हैं
किसी मरीज़ को लेकर कितना सहृदय हो सकते हैं!

मैंने पिछले कई सालों से
कई शहरों में अस्पतालों के चक्कर लगाए हैं
मैंने अपनी माँ को खोया है इनकी बदइंतज़ामी में
वह बहुत बुरा अनुभव है

हमने कइयों को मरते देखा है इनकी लापरवाही से और पैसों के अभाव में
अधिकांश अस्पताल धरती के नर्क हैं
यह पेशा आज सबसे क्रूर हाथों में है

पैसा जीवन से बड़ा है उनके दिमाग़ में
संवेदना को सबसे पहले विदा किया गया इनकी दुनिया से!

मेडिकल माफियाओं ने बदल डाले हैं
इस दुनिया के सारे तौर-तरीक़े
उन्होंने अमानवीय बनाया सबसे पहले इस पवित्र कहे जाने वाले काम को

आते होंगे कभी लोग जनता की सेवा की ख़ातिर इधर, मगर यह सब सुनकर अब हँसी आती है!

विचलित कर देने वाले विवरणों से भरे पड़े हैं
बड़े अस्पतालों की निर्ममता के क़िस्से!

और एक दिन देखते ही देखते शहर का सबसे बड़ा भगवान माफियाओं की बैठक में पाया जाता है मुस्कुराता हुआ

इस देश में, जहाँ आप रहते हैं—
बहुत मुश्किल हो गया है
एक साधारण नागरिक का इलाज!
हज़ारों आदिवासी और ग़रीब मर जाते हैं देश में घरों के भीतर
या सरकारी अस्पतालों में
और उन्हें जला-दफ़नाकर उनके परिजन निकल जाते हैं चुपचाप काम पर

चमचमाते अस्पताल अब भरोसा नहीं ख़ौफ़ पैदा करते हैं
वह हमारे लिए नहीं हैं—यह हमें पता होता है!

उन्हें धरती का भगवान न कहो!
ये सब एक नरपिशाच में बदल गए हैं
वह तुम्हारे परिजनों की लाशें आख़िरी भुगतान तक रोके रखते हैं

उन्हें किसी का भय नहीं
वे जवाबदेह नहीं हैं किसी की मृत्यु पर!

अकूत धन की कहानियों वाले ये डॉक्टर आपके शहर में भी होंगे
इनकी कोई रिश्तेदारी नहीं
ये समय निकालकर या भयवश किसी जिलाधीश किसी न्यायमूर्ति या बड़े लोगों की पार्टियों में हो आते हैं
ऐसे ही पूरा होता है इनका सामाजिक सरोकार

इस शहर में एक डॉक्टर ने अपना पैसा चावल बनाने वाले ऑटोमेटिक प्लांट में लगा दिया है
एक ने ख़रीदे हैं कई प्लॉट्स और दूसरे शहरों में फ़्लैट्स
एक डॉक्टर की पाँच मंज़िला इमारत यूँ ही पड़ी हुई है ख़ाली भाँय-भाँय करती
एक ने ख़रीदी है नई मर्सिडीज
और शहर के बाहर सैलानियों के लिए बनवाया है एक भव्य रिसार्ट!

इनकी जाती ज़िन्दगी में रुपयों की हवस के भयावह प्रसंग आपको ख़ौफ़ से भर देंगे
इनमें से ज़्यादातर के पास मनुष्यता के लिए कोई जगह बाक़ी नहीं!

भोले जनमानस के ये भगवान चाहते हैं कि आप अपनी जगह-ज़मीन बेचकर आएँ और इन्हें देकर फ़क़ीरों की तरह लौट जाएँ!

माफ़ कीजिए, आपके अनुभव अच्छे हो सकते हैं मगर मैं इनके लिए तेज घृणा से भरा हूँ

देवी प्रसाद शेट्टी मैं आपके जैसों पर कुछ संवेदनशील पंक्तियाँ लिखना चाहता था...
पर अफ़सोस है कि आप जैसे इनके बीच गिनती में कितने कम हो!

## मानहानि

यह हफ़्ता अजीब था
मेरे पास अपनी मुश्किलें कुछ कम न थीं
कुछ हज़ार का टैक्स बचाने की जुगत में
मेरा चेहरा किसी असहाय मनुष्य की तरह लग रहा था

पिछले पाँच सालों में, बीस साल की कमाई डॉक्टरों को दे आया था
डॉक्टर, जाँच घर, अस्पताल, इंश्योरेंस इन सबों के चक्कर ने देश के लाखों लोगों को हलकान किया हुआ था
मैं भी उन लोगों में से एक था!

कल दफ़्तर से यह सब सोचता हुआ निकला कि एक सब्ज़ी बेचने या पैदा करने वाले की किडनी ख़राब हो जाए तो
वह क्या कर सकता है इस देश में?

"राहुल गांधी की सदस्यता चली गई है
अब वह संसद नहीं जा पाएगा
सूरत के एक कोर्ट का फ़ैसला आया है
मामला मानहानि का है..."

मैंने सुना, एक आदमी मोबाइल पर किसी को
आज की यह ख़बर बता रहा था
गाँव से सब्ज़ियाँ लेकर आया हुआ किसान

शायद राहुल गांधी को नहीं जानता होगा
सदस्यता जाने वाली बात पर वह ज़रा भी विचलित नहीं हुआ मेरी तरह

घर लौटा तो मोबाइल फ़ोन पर घमासान मचा हुआ देखा
हर यूट्यूबर कह रहा था कि हुक्मरानों ने क्या शानदार स्क्रिप्ट लिखी है
और जज को देखो—कितना मान रखा है इस स्क्रिप्ट का!

कितना खुला खेल था कि कुछ छिपा भी न था कि यह देश में क्या हो रहा है!

शाम को एक दोस्त का फ़ोन आया
वह कह रहा था राज्यसभा या गवर्नर के आवास में जाने का एक रास्ता
न्यायिक सेवाओं से होकर भी जाता है अब

देश में जब नई संसद बैठती थी तब अख़बार वाले या टीवी वाले
कहते थे इनमें से तो कइयों पर मुक़दमे चल रहे हैं
हत्या के आरोप तक बताए जाते थे
उनके धन की सीमा बताई जाती थी
लेकिन अब समय बदल चुका था
जनता की दिलचस्पी भी अब इन रूटीनी बातों में ख़त्म हो गई लगती थी

मीडिया अब सवाल नहीं पूछता था
जो पूछने की हिम्मत रखते थे
धीरे-धीरे वे किनारे कर दिए गये हैं
मीडिया अब हिन्दू-मुस्लिम कर रहा था
और सुखी था

और अब तो वह एक बड़े अपराधी को टीवी के पर्दे पर लघुशंका करते
हुए लाइव दिखा रहा था

और अब वह कोई भी अश्लीलता कर सकता था
वह किसी की भी मानहानि कर सकता था जो उनके साथ इत्तेफ़ाक़ नहीं
रखते थे

एक-एक पल की ख़बर देने वाले चैनल
एक अपराधी की किसी दूसरी बड़ी जेल में शिफ़्टिंग को
फ़र्राटे से भागते उसके क़ाफ़िले को
लॉग शॉट में दिखलाते थे
बॉलीवुड की फ़िल्मों की तरह रोमांच पैदा करना
टीवी पत्रकारिता का नया शगल बनकर उभरा था

लम्बे सफ़र में पेशाब लगती ही है
और वह चाहे कोई भी हो
गाड़ी से बाहर आएगा ही
लेकिन वह बड़ा अपराधी गाड़ी पलट जाने से नहीं मरा
लोग थोड़े नाउम्मीद हो गए होंगे ऐसा लगता है!

नया मीडिया रोमांच और सेंसेशन परोसने में
पहले ही नंगा हो चुका था
पर उसकी हद हमें उसी रोज़ दिखी!

समाचार मनोरंजन में
और एंकर भाटों और विदूषकों में बदल गए थे

एक सजी-धजी औरत गांधी के पुतले को गोली मारती दिखाई देती थी
मीडिया उसे दिखाता जाता था

इसमें देश की मानहानि नहीं होती थी कि गांधी के पुतले को कोई गोली मार रहा था
कहीं कोई मुक़दमा नहीं!
कोई आहत नहीं हुआ था ऐसी बातों से
हैरत हुई थी कि इसे लेकर
कोई मानहानि का मामला कहीं दर्ज नहीं हुआ था
कहीं कोई उबाल नहीं!

इस बीच यह देश इतना सभ्य और अनुशासित हो गया था
कि कहीं किसी की मानहानि नहीं हो रही थी
और बरसों बाद अभी सबसे बड़ी मानहानि की ख़बर गुजरात के सूरत शहर से आई थी

बड़े मीडिया घरानों का कोई पत्रकार यह नहीं कहता था कि देश का मुखिया ही देश की मानहानि कर रहा है
वह तानाशाह को तानाशाह कहना भूल चुका था लोग तानाशाह को पहचानते थे
मगर तानाशाह नहीं कहते थे
वह उसकी मानहानि हो जाती
किसी भी शहर में से उसका कोई भी नुमाइंदा मानहानि का मुक़दमा दायर कर निकल सकता था

नये निज़ाम में मन की बात कहने की कवायद शुरू हुई थी
इस दौर में वह दृश्य अद्‌भुत था जब उसने कहा—दीदी ओ दीदी!

वह एक स्त्री की मानहानि जैसा कुछ था
पर किसी को यह मानहानि का मामला लगा ही नहीं!

मुखिया ग़लत कह रहा है घर का
यह बात समझते हुए भी

उस पर आश्रित लोगों को उसकी बात माननी ही पड़ती है
फिर तो यह सत्ता तंत्र की बात है
जहाँ न्यायाधीश भी पीछे हटते और भय से भरते देखे गए हैं!

लोगों की लाचारी या भोलापन देखिए कि वह कह रहे हैं—इतना भी घमंड और दम्भ अच्छा नहीं, रावण का तेज़ भी चूर हुआ था!

पर समय के साथ ये बातें भावनात्मक, बेकार और निरर्थक साबित हो चुकी थीं
इस नगर का सबसे बड़ा अपराधी
जब जेल से बाहर आया तो उसके लोगों ने उसे समाजसेवी कहा

इसी विश्वास में वह नगर परिषद का चुनाव लड़ रहा था
एक दिन वोट के सिलसिले में जब वह नगर का भ्रमण कर रहा था
तब विश्वविद्यालय के प्रोफ़ेसरों, शिक्षकों, डॉक्टरों और दूसरे धनी मारवाड़ी व्यापारियों को मैंने उसके पीछे चलते देखा

एक दिन मैंने सपने में यह भी देखा कि एक पंडित ने मुझ पर मानहानि का मुक़दमा दायर कर दिया है
और पुलिस मेरे घर पर आकर मेरे फेसबुक पोस्ट चेक कर रही है
मेरी डायरियाँ पढ़ रही है

पुलिस का एक अधिकारी बड़ी विनम्रता लेकिन तटस्थ भाव से कह रहा था
आप जैसे लोगों ने देश का चुपचाप बड़ा नुक़सान किया है
आप भगवान को नहीं मानते
क्या आप इतने बड़े मंदिर के पंडित, साधु-संतों और देश के प्रधानमंत्री से बड़े हैं?

तब मुझे लगा कि देश के बड़े शिक्षाविद्, फ़िल्मकार, अभिनेता और वैज्ञानिक चुप क्यों हैं?

बच्चन साहब किसी कंट्रोवर्सी में नहीं पड़ते थे और चुपचाप अपना काम करते रहते थे
और कमाल देखिए लोग इसे उनका एक गुण मानते थे

भारतरत्न एक क्रिकेटर बैक्टीरिया मुक्त करने वाले हैंड वॉश और इनवर्टर बेच रहा था
और सरकार के किसी भी फ़ैसले पर चुप रहता था

इन लोगों ने किसी की मानहानि नहीं की थी इसलिए सुखी थे और इसलिए ऐसे लोगों का जीवन
पर्दे पर चमकता हुआ निर्विघ्न और शानदार बीत रहा था

साहित्य के उत्सव इसी दौर में हो रहे थे
वहाँ आया वक्ता इस बात से वाक़िफ़ था कि
उसे कितना और क्या बोलना है
प्रायोजक कार्यक्रम ख़त्म होने तक साँस रोके खड़े दिखते थे
सेल्फ़ी और अनगिनत तस्वीरों के बीच लेखक कवि इतने गद्गद थे कि
किसी की मानहानि कर ही नहीं सकते थे
गोकि उन्हें अगले किसी साहित्य उत्सव में जाना था!

एक फ़िल्मकार देश के गृहमंत्री की मानहानि करने के कारण मुम्बई से अहमदाबाद की अदालत की सैर कर आया था

देश ने देखा कि मानहानि के कारण एक सांसद
अपराधी करार दिया जाता है

और आप जानते हैं कि संसद में अपराधियों की कोई जगह नहीं है
एक अपराधी के होने से वहाँ की समरसता बिगड़ सकती है!

क्या आपके ज़ेहन में इस देश के रहनुमाओं के सामाजिक व्यवहार का कोई डेटा है
जिसमें मानहानि के न जाने कितने ही दास्तान दर्ज हैं
जो कभी कोर्ट तक नहीं गए जो वक़्त के साथ भुला दिए गये हैं!